産経NF文庫
ノンフィクション

旧制高校物語

真のエリートのつくり方

喜多由浩

潮書房光人新社

文庫版のまえがき

『旧制高校 真のエリートのつくり方』（平成25年、産経新聞出版）を出版して6年になる。戦後の学制改革により、旧制高校が昭和25年に廃校になってからは、もう70年近い。その教育を受けた、最も〝若い世代〟でも今や80代後半以上だ。

それにもかかわらず、旧制高校の教育や、その精神を歌った「寮歌」への社会の注目度は今、むしろ高まってきている。全国各地で開催されている寮歌祭は、旧制高校OBのみならず、後身の新制大学や若い世代の寮歌愛好者によって参加者が増え続け、今年（令和元年）8月には、平成22年に一旦幕を閉じた「日本寮歌祭」（日本寮歌振興会主催）が、9年ぶりに復活した。寮歌（祭）の「日本遺産」（文化庁所管）認定を目指す動きも出てきている。

これらの動きは、単なるノスタルジアではない。背景には、現代の教育制度に対する危機感があるのだと思う。

終戦後、GHQ（連合国軍総司令部）主導で日本の学制は、それまでの、6（小）・5（中）・3（高）・3（大）制→6・3・3・4制へと変えられた。「複線」の選択肢から「単線」への変更と言ってもいい。

旧制では、本人の学力や志向、あるいは親の財力によって、小学校や高等小学校を出て、職人や商人の道を歩むのもよし、実業学校（商、工業）へ進んで、実務的な知識や技術を身につけるのもよし。旧制高校→全国で9つ（外地を含む）の帝国大学に進むコースは、同世代の1％以下しかいなかった。

選ばれしエリートの彼らは、すべてを自分たちで決め、運営する寮生活で自治・自由の精神を学び、人間を磨いた。そこには責任も伴う。学校では、現代の暗記中心の受験勉強ではなく、哲学・文学・歴史といった一見〝何の役にも立ちそうにない〟教養中心の学問にどっぷりと浸り、本を読み、議論をたたかわせることができた。その中で、国家を背負って立つ気概と責任感をはぐくみ、いざとなれば一身をなげうって、国と国民を守る「真のエリート」を育成するのが旧制高校教育の神髄であった。

翻って、現代の教育制度を見てみればいい。「平等」「機会均等」を旗印に高校進学率は100％近く、大学へは半分以上が進学する。大学が極度に大衆化した結果、中学レベルの勉強にすらついていけない大学生が相次ぐことになる。一方、厳しい受験戦争で〝燃え尽きてしまう〟ことも多い今の東大生や京大生に、真の知力や大局観、国家を背負う気概を見出すことは難しい。それは、保身や自分の権益を守ることに熱心な多くのキャリア官僚や政治家の体たらくを見れば、分かるではないか。

「エリート教育」はイギリスのパブリック・スクールなど、世界中の国がやっている。彼らに国を託し、彼らは国益の為に闘う。旧制高校にもその役割があった。

思えば、旧制高校の教育ほど〝贅沢な教育〟はなかった。新制で学んだ私からすれば、こんな3年間を過ごせた当時の学生がうらやましくて仕方がない。そして、エッセンスが少しでも次代の日本社会に受け継がれ、生かされることを願ってやまない。その空気感を伝えたくてこの本を書いた。尚、文庫化にあたり、最近の情勢を踏まえ、加筆修正した。文中の肩書きなどは平成25年当時である。また、文中の敬称は省略した。

令和元年10月

産経新聞社　喜多由浩

はじめに

旧制高等学校は、明治の半ばから昭和25（1950）年まで存在した。その数は、帝国大学の予科や外地（台湾、旧関東州など）を含めても40校に満たない。10代半ばから20歳前後の、同世代男子の1％以下という超エリートの卵たちが、「自治」と「自由」を掲げた寄宿寮で共同生活を送りながら、哲学、文学、歴史といった本を貪り読み、自作の寮歌を歌い、仲間たちと天下国家や人生について語り明かした。

彼らのほとんどは、東大、京大といった帝国大学へ進み、政、官、財、学など各界のリーダーとなってゆく。旧制高校は、教養を身に付け、心身を鍛え、人格を磨き、大局観を養うための「揺籃」であった。

その教養主義は、単に学識の多寡を問うのではなく、その人の品位、志や行動をも重要視した。欧米社会には「ノブレス・オブリージュ（高貴なる者は義務を負う）」という言葉があるが、真のエリートとは、私利私欲を捨て、国家・国民のために一身を投げ打って行動するリーダーを指す。旧制高校の生徒たちはそれを自任し、社会も、その役割を彼らに期待したのである。

旧制高知高校から東大文学部を卒業した作家の三浦朱門氏は、旧制高校を「大日本帝国のぜいたく品」と評した。確かにこの時代の日本国家にとって、旧制高校のような〝リーダー養成制度〟を持ち得たこと。そして、学ぶ機会を得た生徒たちにとっても、それは幸せなことであったに違いない。

ひるがえって、現代の日本社会を見たとき、暗澹《あんたん》たる気持ちになってしまう。政治は長く「ない」に等しかった。確固たる国家観もなく、隣国と渡り合うハラも据わっていない首相たちがコロコロと代わり、国民の政治への信頼を失わせた。自慢の経済も失速、中国や韓国に激しく追い上げられ、いまや「ものづくり」の伝統も風前の灯である。

強い閉塞感に覆われた社会の中で、次代を担う若者たちは萎縮して覇気を失い、チャレンジや冒険を恐れるようになった。かつて、外国人を驚かせた日本人の高い精神性や道徳心は地に墜ち、目を背けたくなるような事件の発生や、「自分さえよければいい」という悪しき個人主義、「何でもカネ」の拝金主義が蔓延している。学問への畏敬の念は消え去り、大学生ですら本も読まない。

日本と日本人がいま一度、輝きを取り戻すには何が必要なのか？　知性と野性を兼ね備えた、タフで高い志を持つ若者たちを育ててゆくにはどうすればいいのか？　私は、旧制高校の教育や精神をたどることで、そのヒントが見つかるのではないか、という気がしてならない。

本書は、産経新聞に連載した「旧制高校　寮歌物語」をテーマ別に分け、再編集したものである。

この物語は「昔話」や「ノスタルジア」ではない。誇り高い日本人が忘れてしまった大事なものが、そこにはある…。そんな思いを重ねながら読んでいただければ幸いである。

平成25年6月

産経新聞文化部編集委員　喜多由浩

旧制高校物語——目次

第1章　人間形成と「高貴なる義務」

第2章　教養主義と自治の精神

第3章　ネットワークが結ぶ絆と架け橋

第4章　スポーツで磨かれたリーダーシップ

第5章　寮歌にみる心意気

第6章　歌い継がれて永久に…

旧制高校物語

真のエリートのつくり方

序　章　選ばれし者たちを育む

イデオロギーを超えた絆──小柴昌俊と上田耕一郎、松下康雄

「共産党政権」を阻止せよ

小柴昌俊氏

昭和21（1946）年12月というから、まだ敗戦の傷痕が色濃く残り、日本中が貧しく、食糧難にあえいでいたころだ。

第一高等学校（旧制、東京）2年の小柴昌俊は同じ2年生の友人とコンビを組み、全寮生を統括する寄宿寮委員長・副委員長選挙に打って出る（小柴は、副委員長候補）。大嫌いな共産党系の政権誕生を「何としても阻止したい」気持ちであった。

戦後、合法化された日本共産党は一高内にも浸透し、寮委員長・副委員長選でも「保・革対決」が繰り広げられる。小柴らの対立候補の背

後で糸を引いていたのが、1級上で後に日本共産党副委員長となる上田耕一郎（1927〜2008年、一高―東大経）だった。

「上田は、すでに共産党に入党していたから自分では立候補しないんだよ。彼ら（共産党系候補）は『新しい時代』を強調したけど、ボクらは『一高の古き良き伝統を守ろう』と訴えて選挙に勝ったんだ」

1〜3年の1千人を超える生徒の「全寮制」「寮の自治」は一高の明治以来の伝統である。内閣にあたる寄宿寮委員会、議会にあたる総代会、司法を担当する懲罰委員

▼**第一高等学校**　東京英語学校、東京大学予備門などの前身を経て明治19（1886）年、第一高等中学校が発足、同27年、第一高等学校となる。校舎は当初の東京・本郷（現東大農学部敷地）から昭和10（1935）年、駒場（同教養学部敷地）へ移転。自他共に認める旧制高校のトップ校として同25年の閉校まで、約2万人の卒業生を送り出した。

▼**小柴昌俊**（こしば・まさとし）　大正15（1926）年、愛知県出身。横須賀中学（旧制）から、昭和20年、第一高等学校理科甲類に入学。同26年、東京大学理学部物理学科卒。理学博士。米シカゴ大学研究員、東大理学部教授などを歴任。平成14（2002）年、ニュートリノ観測の成功により、ノーベル物理学賞を受賞した。

会などの組織が設けられ、運営に学校側は口を挟めない。一方で、3食の食材の調達も生徒たちがやらねばならないから大変だ。

「全寮制」「自治」を象徴する有名なエピソードが残っている。戦後、首相を務めた鳩山一郎（1883〜1959年）が一高入学を決めたとき、母親が寮に入れることを嫌がり、校長に直談判した。だが、「入寮がイヤなら退学を」と校長は断固拒否したという。

ちなみに、寄宿寮委員長は西郷隆盛のような鷹揚《おうよう》な親分タイプが、副委員長には実務者肌の切れる男が就くことが多い。小柴は、まさしく「副委員長タイプ」であった。

「実務は小柴君が全部取り仕切っていた。実行力に優れ、次々に新しいアイデアがでてくる。彼に太刀打ちできる人間は、ちょっといなかったでしょうね」とは、小柴に請われ、中央会計委員として〝入閣〟した朽津《くちつ》耕三（1927年生、東大名誉教授）の回想である。

朽津が主に担当した仕事は戦争中にボロボロになっていた寮内の設備を修復するために、先輩などを回って寄付を集めることだった。先輩とて生活に余裕がある時代ではない。それでも4、5カ月間で約16万円が集まった。公務員の初任給などで換算すれば現在の価値で数千万円に上るだろうか。高校生の仕事としては大したものである。

大人になるために必要なこと

こうした寄宿寮における「自治制度」は、程度の差こそさえあれ、旧制高校すべてに共通する特徴であった。

「自治」とは自分たちで考え、判断し、行動することだ。数百人から1千人を超える組織を動かし、校長とも堂々と渡り合う。責任も取らねばならない。それを10代後半から20歳そこそこの若者たちがやる。

小柴はいう。「青年から大人になる境目の時期に同じ年頃の男たちが一緒に暮らし、勉強をし、議論を戦わせ、寮歌を歌い、ときにはけんかもする。互いに切磋《せっさ》琢磨《たくま》し、もまれることがどれほど大事か。こうした経験がないと、ちゃんとした『大人』になれない。現代の若者にはそれが欠けています」

幼い頃から、モノがあふれた豊かな生活を享受し、自宅でも個室を与えられる現代の若者たちは寮などでの共同生活を嫌う。外で友達と体を動かして遊ぶよりも、家の中でひとりでやるビデオゲームやネット遊びが増えているから、コミュニケーション能力は磨かれない。

他人と共同生活を送る機会は少なく、先輩―後輩の異年齢の集団でもまれる経験にも乏しい。だから、人間関係を築くことが苦手で、恋人と付き合ったり、結婚や子供を持つことを嫌がる人まで出てくる。かたや、学校や社会でちょっと挫折を経験すると簡単に「心が折れて」しまう。小柴がいう「ちゃんとした大人になれない」というのはこういう若者たちのことを指すのであろう。

現代の学校にも「寮制度」は存在する。ただ、共同生活の良さは体験できても、そこに旧制高校のような「自治」は見つけにくい。〝与えられる〟ことに慣れた現代の若者は自ら考え、行動する力が乏しい。かくしていざコトが起きても問題を解決できない、想像力がない大人が量産されてしまう。

濃厚な人間関係を嫌う現代

寄宿寮委員長・副委員長選挙で対決した小柴と上田は、面白いことに終生の友となった。小柴がいう。「共産党は大嫌いだけど、上田は別だ。アイツは本当に人間がいいからね。人柄で付き合ったんだ」

それからずっと後の話になる。小柴が文化功労者に選ばれ、上田と、やはり同時期に一高に在籍していた親しい友人である松下康雄（1926年生、元日銀総裁）が、居酒屋でお祝いの会を開いてくれたことがあった。「〝資本主義の元締〟のような日銀総裁と共産党の副委員長が同席しているわけだが、ボクにはそんなことは関係ない。ただ、ただ人間性だけが大事なんですよ」

小柴と松下は、お互いに妻となる女性を紹介し合った仲だ。小柴が研究者になり、実験の予算がなかなか付かず、話すら聞いてもらえなくて困っていたときには、当時、大蔵省にいた松下が、陰ながら応援してくれたこともあった。

上田耕一郎氏

松下康雄氏

とにかく1千人も寮にいれば、いろんな生徒がいる。右もいれば左もいる。考え方は違うけれども、一高生はお互いの存在は尊重し、認め合っていた。「いろんなヤツがいるからこそ、知的好奇心が刺激される。今の若い人はつきあう相手が限られているでしょ」

旧制高校の寮歌には「友情」を歌ったものが多い。寮の中で24時間生活を共にし、天下国家や人生を語り合い、〝裸の付き合い〟をすれば、互いの人間性なんて隠しおおせるものではない。その上で、培われた友情が「強固な絆」になるのは自然の理であろう。だが、こうした〝濃厚な人間関係〟が現代社会では嫌われてしまうのだ。

小柴は一高を卒業した後、難関といわれた東京大学の物理学科に進み、物理学者としての道を歩んでゆく。その中で一高時代に築いた恩師や先輩、友人らとの絆にたびたび助けられることになる。

ノーベル賞を生んだ出会い――小柴と朝永振一郎

運を開いた朝永氏との出会い

ノーベル賞を受賞したぐらいだから、小柴昌俊は、学生時代からバッグンに成績が良かったのだろうと思いきや、失礼ながらそうでもなかった。

第一高等学校（東京）には1年浪人して入学。在学中は、寄宿寮の委員会活動や、戦後、公職追放になった元職業軍人の父親に代わって生活を支えるためアルバイトに忙しく、卒業時の席次は、学年のほぼ真ん中あたり。「（学年の）1割以内にいないと無理」と言われていた難関の東京大学物理学科への進学は厳しいだろう、と周囲からは見られていたのである。

ところが、一高の物理の教授がこうした〝低評価〟について話しているのを小柴が偶然、耳にしたからたまらない。「コンちくしょうと思ってね。取り立てて物理学科に行きたいわけじゃなかったけど、悔しいから寮で同じ部屋だった秀才の朽津耕三

一高時代の天野校長（前列中央）と
小柴氏（その後ろ、和服姿）

（東大名誉教授）に〝家庭教師〟を頼んで猛勉強を始めたんですよ」

朽津によれば、それは家庭教師などではなく、「机を並べて一緒に受験勉強しただけ」というが、化学の入試問題では試験直前に、2人で話していた問題がズバリ出題され、ヤマが大当たり。2人そろって見事、東大理学部に合格した。

そして、一高卒業間近の3月、校庭を歩いていた小柴は校長の天野貞祐《ていゆう》（1884～1980年、哲学者、後に文相、独協大学学長）に声を掛けられる。寄宿寮の実務を取り仕切る副委員長を務めた小柴は校長の天野との交渉役を務めることが多かった。専門分野は違えど、何かにつけかわいがってもらった恩師だったのである。

小柴が東大の物理学科に行くことを聞いた天野はこう言いながら、ひとりの物理学者の名前を持ち出す。「私に物理はよく分かりませんが、（京都大学で）師事した朝永《ともなが》三十郎《さんじゅうろう》先生（哲学）の息子さんが物理をやっています。紹介してあげましょう」と。

それが、ノーベル物理学賞の先輩・朝永振一郎《しんいちろう》（1906〜79年、三高—京大）との出会いだった。

「お目にかかって5分でボクは朝永先生のことが大好きになった。何かと良くしていただき、アメリカに留学する（ロチェスター大学）ときも推薦状を書いてもらった。もし、先生の推薦状がなければボクの東大の成績じゃとても留学できなかっただろうね。そこからボクのツキが始まったんですよ」

▼日本人のノーベル賞受賞

自然科学分野ではこれまでに21人が受賞しており、米、英、独などに次いで世界6位。アジアでは1位だ。内訳は、物理学賞が昭和24（1949）年の湯川秀樹をはじめ、朝永振一郎（昭和40年）▽江崎玲於奈（同48年）▽小柴昌俊（平成14年）▽小林誠・益川敏英（同20年）▽赤崎勇・天野浩（同26年）▽梶田隆章（同27年）（※米国籍の中村修二＝同26年を除く）の9人（※米国籍の南部陽一郎＝同20年を除く）。化学賞が、福井謙一（昭和56年）▽白川英樹（平成12年）▽野依良治（同13年）▽田中耕一（同14年）▽下村脩（同20年）▽鈴木章・根岸英一（同22年）の7人。医学・生理学賞が、利根川進（昭和62年）▽山中伸弥（平成24年）▽大村智（同27年）▽大隅良典（同28年）▽本庶佑（同30年）の5人。

他に文学賞2人（川端康成、大江健三郎※英国籍のカズオ・イシグロ＝平成29年＝を除く）平和賞1人（佐藤栄作）で、計24人。

朝永振一郎氏

南部陽一郎氏

ちなみに小柴の東大時代の成績とは「優」が2つのみ。小柴の執務室には、今も朝永と2人で撮った写真が飾ってある。

南部さんも一高の先輩

やはりノーベル物理学賞に輝いた南部《なんぶ》陽一郎（1921年生、一高—東大、米国籍）も一高の先輩だ。小柴によれば南部は、20代後半の若さで大阪市大の物理の主任教授に就任した大秀才。東大の研究室時代に南部の下へ〝武者修行〟に出かけた小柴はそのレベルについていけず議論を聞いても、まるでチンプンカンプンだったという。

その南部も小柴が文化勲章を受章したときには大いに喜んでくれた。届いたお祝いのファクスには、寝転がったチンパンジーの写真の上に『物理屋になりたかったんだよ』の文字。武者修行時代の小柴をユーモアたっぷりにからかったのである。

一高関係者だけではない。33歳でアメリカで大きな国際共同研究プロジェクトのリーダーを任されたときには、イタリア人の先輩研究者が、経験の少ない小柴の面倒を見てくれた。「ボクは幸運だった。ありがたいことにね、いつも素晴らしい先輩たちが応援してくれるんですよ」。人間関係の濃さを感じさせるエピソードではないか。

「内向き」が停滞招く

旧制高校生は、同世代の男子の1％以下という「選ばれしエリート」であった。卒業生の多くは東大、京大といった帝国大学へと進み、卒業後は各界で日本を支えるリーダーとなった。「大志」を抱き、小柴や南部のように世界の舞台へと打って出た者も多い。寮歌には、こうした気概が込められた歌詞がいくつも残されている。

哲学、文学、歴史などの「教養」をたっぷりと身につけたことも視野を広げるのに役立っただろう。理科の学生であった小柴もドイツ文学に傾倒し音楽にも親しんだ。寮生活では文科の学生と同部屋になることも多いから互いに知的好奇心が刺激される。何しろ寮内では先輩や同級生が四六時中、議論を吹っかけてくるのだ。いろんな本を読んでいなければ話の輪に加わることすらできない。

小柴が最近の若者たちについて危惧していることがある。何かにつけ「内向き」で、「世界」を目指す若者が減っていることだ。「(子離れができていない)母親が『外』に出したがらないのでしょう。でも社会人になればイヤでもいろんな相手と折り合いをつけて生きていかねばならない。こうした術《すべ》は、『外』でもまれ、互いに切磋琢磨し、実際に渡り合って体得するしかないのですよ」

それは決して、今昔の教育制度の違いだけに起因するものではないはずだ。実際に米有名大学などへの留学生の数は中国や韓国に大きく引き離され、会社に入っても海外赴任や地方勤務ですらしたがらない。幼いころから豊かな生活に漬かり、異年齢の集団で「外遊び」をしてもまれる経験が減っているから、ケンカの仕方やコミュニケーションの取り方も分からない。

こうした「内向き」が日本の社会や経済の停滞の一因となっているのではないか。グーグル、アップルに代表されるような独創的な企業や商品が日本から生まれなくなって久しい。「ものづくり」でも韓国や中国に激しく追い上げられている。

自然科学分野での日本人のノーベル賞受賞者は21人、欧米以外では突出した数だが、将来の若者たちも、それに続くことができるのだろうか。

小柴は、「日本人は優秀だ。もっと自信を持てばいい」といいつつ、条件を付けた。

「それには視野を広くしてもっと世界を見るという態度が必要だ。若いときに世界へ出て外国人がどう暮らしているか、何を考えているか、見聞し肌で感じることが大事。日本に籠もっているような態度じゃダメですね」

庶民が憧れた「エリートの卵」――川端康成、早坂暁

警察も寮に介入できず

昭和63（1988）年に公開された映画「ダウンタウンヒーローズ」は脚本家、作家の早坂暁《あきら》（1929年生、旧制松山高―日大）の自伝的小説（「ダウンタウン・ヒーローズ」）を原作に、山田洋次監督（1931年生、同山口高―東大）がメガホンをとり（脚本も）、廃校間近（昭和23年）の旧制高校生たちの姿を描いた作品である。

ただし、映画と原作の趣《おもむき》はかなり違う。映画では、早坂がモデルらしい松山高校生（中村橋之助）が女学校の生徒（薬師丸ひろ子）とすれ違っただけでドキドキしてしまう〝ウブな男〟として描かれているのに対し、原作の主人公ときたら、遊郭の女となじみになった揚げ句、〝夫婦彫り〟の入れ墨まで背負い込んでしまう悪童ぶりだ。

主人公が遊郭の女と入れ墨を彫りに行く場面が面白い。

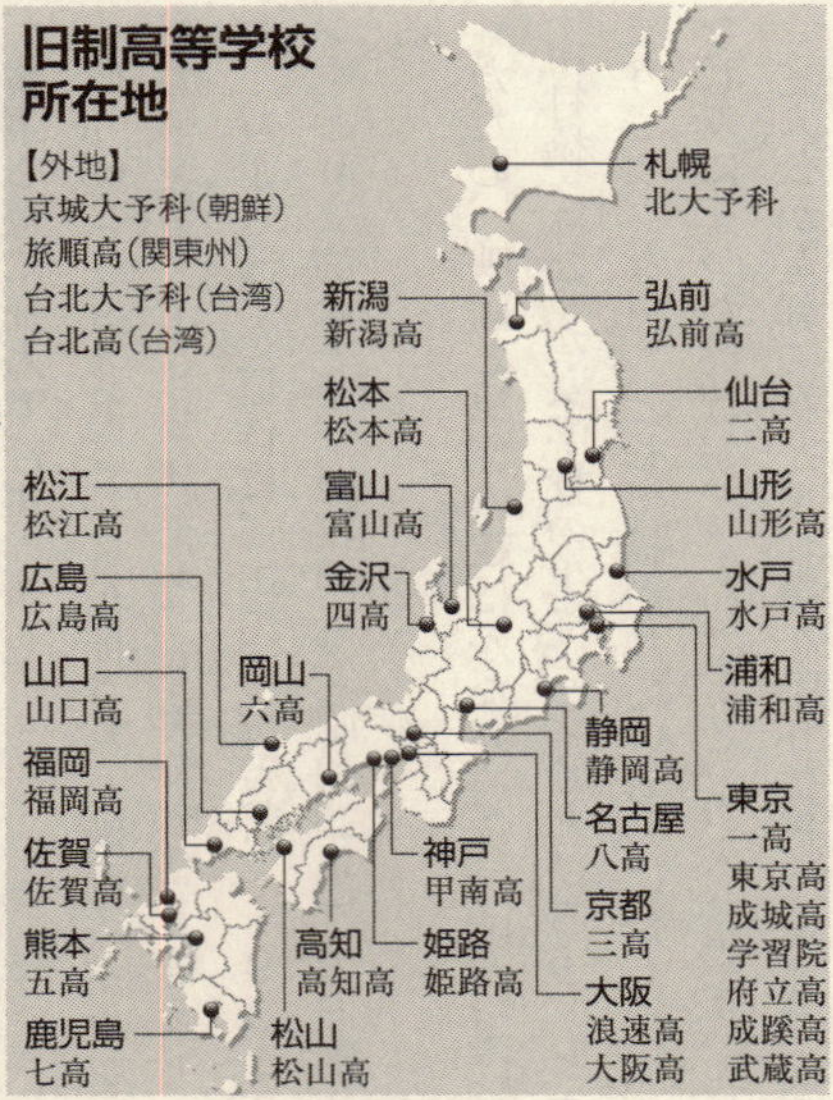

《「じいちゃん（※彫り師）、この人、マッコーセイなんよ」（略）つまり松山高等学校の学生という意味である。今でこそどの町にも高等学校はあるけれど、当時の旧制高等学校は全国で三十三校、四国にはたった二つしかない。「この人、どんだけ出世するか判《わか》らんのじゃけん」イチ子（※遊郭の女）は両手で、私の背中をさすった。例えば、松高生は余程《よほど》ハメをはずしても警察に引っ張られることはない》（早坂暁著「ダウンタウン・ヒーローズ」から、※注は筆者による）

最後の「松高生は…警察に引っ張られることはない」のくだりには解説が必要だろう。「映画版」にこんなシーンがある。遊郭から足抜けをしてきた女を松高生が高校の寮に匿《かくま》い、取り戻しにきたヤクザと乱闘事件になるのだが、生徒たちは、地元の警察が寮内に立ち入ることを断固拒否するのだ。

「せめて現場検証でも」と食い下がる警察署長に寮生の代表は、「寮の自治は、いかなる権力にも侵されないのが伝統だ」と毅然《きぜん》としていい放つ。「寮の自治」という大原則の前にはたとえ校長といえども迂闊《うかつ》に介入できない。渋い顔をして、ただ座っているしかないのだ。

《下手にいびったりしていると、その松高生は東大、京大の法学部コースを通り、六、七年で警察署長として赴任してくるかも知れないのである》（同）。もっとも戦後に

▼旧制高等学校

旧制高等学校は、日本国内に33校あった（戦後、短期間のみ存在した長崎、徳島など7校を除く）。内訳は官（国）立が、一高〜八高までのナンバースクール（8校）、地名を冠した学校が弘前、水戸、静岡、松本、広島、松山、福岡など（17校）、公立は府立、浪速、富山（3校、富山は後に官立）、私立は武蔵、成蹊、甲南など（4校）、宮内省所管の学習院（1校）。また、終戦まで日本が植民地支配（朝鮮、台湾）したり、租借地（関東州）だった外地に台北、旅順の2校があった。このうち7年制高校は、私立、公立、学習院の8校と官立の東京の計9校。さらに、帝国大学の予科として北大、京城、台北の予科（3校）があり、計38校となる。

なってからはその「寮の自治」が悪用され左翼学生の拠点になってしまった寮も多かったのだが…。

当時の旧制高校生が世間からどんな風に見られていたか。映画のワンシーンだ。

主人公（中村）が家庭教師に来ている家の母親が自分の子供に向かって、父親や叔父さんも「みんな松（山）中―松（山）高―京大のコースだった」といい、もし松中に落ちたら「大阪へ行って小僧になるしかない」とハッパをかける。そして、その席に顔を出した親類の女学校生（薬師丸）に対して、主人公を「あこがれの松高生じゃろ」（傍点筆者）と、さもうれしそうに紹介するのだ。

高校生を「旦那さま」と呼ぶ

現在の日本の学制はほぼ「単線」になっている。多くは、6年（小学校）―3年（中学校）―3年（高校）―4年（大学）のコースを取り、義務教育は中学までながら、高校進学率は100％に近く、大学進学率も5割を超えた。つまり、〝猫もしゃくしも〟大学進学を目指す。

戦前はそうではない。義務教育は小学校（6年）のみ。時代や地域によっても違うが、そこから中学校（旧制）に進学するのは1割から多くても2割以下しかない。さ

喫茶店で音楽を鑑賞する旧制高校生（広島高）

らに高等学校（同）の段階で絞られて同世代男子の1％以下（1万人以下）になってしまう。学力的にも経済的にも、上級学校へ進める生徒は限られていた。

その条件に当てはまらない子供（男子）は、映画「ダウンタウンヒーローズ」の母親が言うように「小僧になるしかない」。または、高等小学校や商業、工業といった実業学校に進んでから就職したり、教師を養成する師範学校などに進む。中学校を出た段階でも、高等工業や商業などの専門学校、上級学校の教師になる高等師範、さらには、陸軍士官学校、海軍兵学校などの軍学校に行き、軍人を目指す道もあった。本人の能力や家庭の財政状況などによって、いろんなルート（複線）があったのである。

その中で6年（小学校）―5年（旧制中学校）―3年（同高校）―3年（帝国大学）のコースを歩むことができた者がどれほど〝輝いてみえた〟ことか。何しろ将来は、政治家や高級官僚、一流会社に入って、国家を背負って立つリーダーとなる道が見えているのだから。

川端康成（1899〜1972年、一高―東大）の代表作のひとつに数えられる「伊豆の踊子」は、大正7（1918）年に一高生だった川端が、ひとり伊豆を旅した体験をもとにした物語である。《私は二十歳、高等学校の制帽をかぶり、紺飛白《こんかすり》の着物に袴《はかま》をはき、学生カバンを肩にかけていた》（川端康成『伊豆の踊子』から）

雨宿りにと立ち寄った茶屋のおばあさんは、主人公を旧制高校生と見るや、こう呼びかけた。《「おや、旦那様お濡《ぬ》れになっているじゃございませんか」》（同、傍点筆者）と。旅芸人たちが粗末な木賃宿に泊まっているのに対し、主人公は旅館に泊まり、芸人らに食事をご馳《ち》走《そう》したり、お金まで渡そうとする。一座の踊り子たちは、彼が高校生というだけで「うっとり」としてしまう。

エリートの質は社会を反映

旧制高校生が「エリートの卵」たりえたのは、ひとえに〝帝国大学へのパスポート〟をもっていたからである。帝国大学の総定員は、旧制高校の総定員をやや上回る数で推移していたから、人気大学の人気学部（学科）を望まねば、ほぼどこかの帝国大学へ進学できた。

『学歴貴族の栄光と挫折』などの著書がある竹内洋《よう》（1942年生、教育社会学）はいう。「（旧制高校を）最初から〝帝国大学の予科〟のような存在にしようと意図したわけではなかったが、そのコースが確立されてからは、イギリスのパブリックスクール―オックス・ブリッジと同じように、それが『学歴貴族』の条件になった」

帝国大学への道が約束されているから現代の高校生のように受験勉強に追いまくられることがなく、哲学、文学、歴史といった教養にどっぷりと身を浸すことができた。将来、国を背負って立つ責任感と周囲の期待を感じていたからこそ、真のエリートたりうる道徳心や公共心が身に付いたのであろう。

竹内は、強烈な大衆社会になった現代でエリートは逆に「大衆から引きずり下ろされる存在になった」という。

「旧制高校―帝大の学歴貴族には『社会をよくしてほしい』という国民の期待があり、彼らにもその自負があった。『エリートの質』はその社会を反映している。今は『全員で競争しましょう』という社会。教育にも余裕がなくなってしまった」

第1章　人間形成と「高貴なる義務」

責任感を生んだ「日本のぜいたく」——三浦朱門と阪田寛夫

記録から消された「停学」

「コレ関学の紋やねん。オンナにモテるんや」

大阪弁の男は、三浦朱門にこう切り出した。机の前に張ってあったのは、「三日月にK.G.」のマーク。関西の名門私学で、良家の子弟が集まることで知られていた関西学院《かんせいがくいん》（関学）の校章である。

「オレ、ここに行きたかったんやけど、こんな田舎へ来てもうたんや」。それが阪田寛夫との出会いだった。

戦局が悪化しつつあった、昭和18（1943）年4月、三浦と阪田は、高知高等学校（旧制）に入学する。三浦が高知高を受験したのは、そこが父親の郷里だったからだ。「一高に入るのはちょっと難しい。他ならどこでもいい、と思って、高知と母の郷里（新潟高）が候補に残った。でも母が『新潟は美人が多いから』って反対したんですよ（苦笑）」

高知高の寄宿寮「南溟寮《なんめい》」の6畳間で同室となった2人は意気投合する。授業をサボっては映画を見に行き、黒澤映画とフランス映画の演出法について議論を戦わせた

▼**高知高等学校**

大正11（1922）年、松山高等学校に続く、四国では2番目の高等学校として設立（昭和25年閉校）。土地柄から豪快な校風で知られ、「蛮カラ」を気取る生徒も多かったという。主な卒業生には、警視総監、宮内庁長官を歴任した鎌倉節、ドイツ文学者の高橋義孝、映画監督の中平康などがいる。

▼**三浦朱門**（みうら・しゅもん）

作家、大正15（1926）年1月、東京出身。東京府立二中（現・都立立川高校）から昭和18年、高知高等学校（旧制）文科甲類入学。23年、東京大学文学部卒。27年「斧と馬丁」で芥川賞候補、42年「箱庭」で新潮社文学賞受賞。平成11年、正論大賞受賞。元文化庁長官。妻は作家の曽野綾子。

▼**阪田寛夫**（さかた・ひろお）

詩人、作家。大正14（1925）年10月、大阪市出身。大阪・住吉中（旧制）、高知高等学校（同）から東大文学部卒。昭和50年「土の器」で芥川賞受賞。童謡「サッちゃん」の作詞者として知られる。

り、短歌の出来を競い合い、「教師を含めた全校でオレとオマエだけが才能あるなぁ」と悦に入ってみたり…。

「寮の中で絶えず議論し合った。人間について、事件について、世の中について。それがわれわれにとっての『勉強』だった。当時はボクの方が映画や本のことをよく知っていたけれど、阪田の文学的才能は光っていた。コイツは『わかるヤツ』だと思いましたね」

もちろん、まじめくさったことばかりやっていたわけではない。女性にモテる阪田は、街の飲食店のウエートレスとなじみになり、タダで飲み食いしていた。一緒についていくと友達もタダになるので、三浦もよくついていったという。〝おねえさん〟方がいる飲み屋にも通った。

次第に2人の雰囲気に共感する他の「悪友たち」も居候を決め込むようになる。寮の朝の点呼には出てこない。授業はサボる。態度はあまりよろしくない。出席日数は「落第ギリギリ」となって〝元凶〟と目された三浦はついに「無期停学処分」の通告をされてしまう。

これを面白がったのが阪田らだ。一緒に遊んでいたのに、自分たちは〝おとがめなし〟。「助かった。これで悪い遊びから手を引くことができます」とばかりに〝三浦停学記念〟の写真まで撮って、三浦へ送りつけてきたのである。

ところが結局、停学は記録からは消された。「それが高等学校なんですよ。規則は規則としてあるのだけれど『個々の人間』としてみてくれた。だから落第するような困った生徒でも、他に見どころがあれば、他の生徒も尊敬する。仲間として受け入れてやる雰囲気があったんですね」

真に知的な人間とは

三浦は旧制高校を「大日本帝国のぜいたく品」と思うことがある。同世代の1％以下という、エリートが寄宿寮の共同生活で人間を磨き、議論に明け暮れ、スポーツでタフさを養い、外国語、哲学、文学といった教養を身に付けた。卒業生の多くは帝国大学へと進み、やがては日本という国を背負って立つ気概と責任感を育んだ。しかも「管理された教育」ではない。彼らはまるで〝高等遊民〟かのように振る舞い、旧制高校の精神の根幹をなす「自由」と「自治」を謳歌《おうか》したのである。

「自由」とは、個人の権利ばかりを振りかざすような自由ではない。三浦に言わせれば、「自由とは、自分たちが主体と成って価値判断し、行動すること。自治とは、自分たちでコントロールし、あるべき姿で組織をつくること」。近代国家への道を歩み

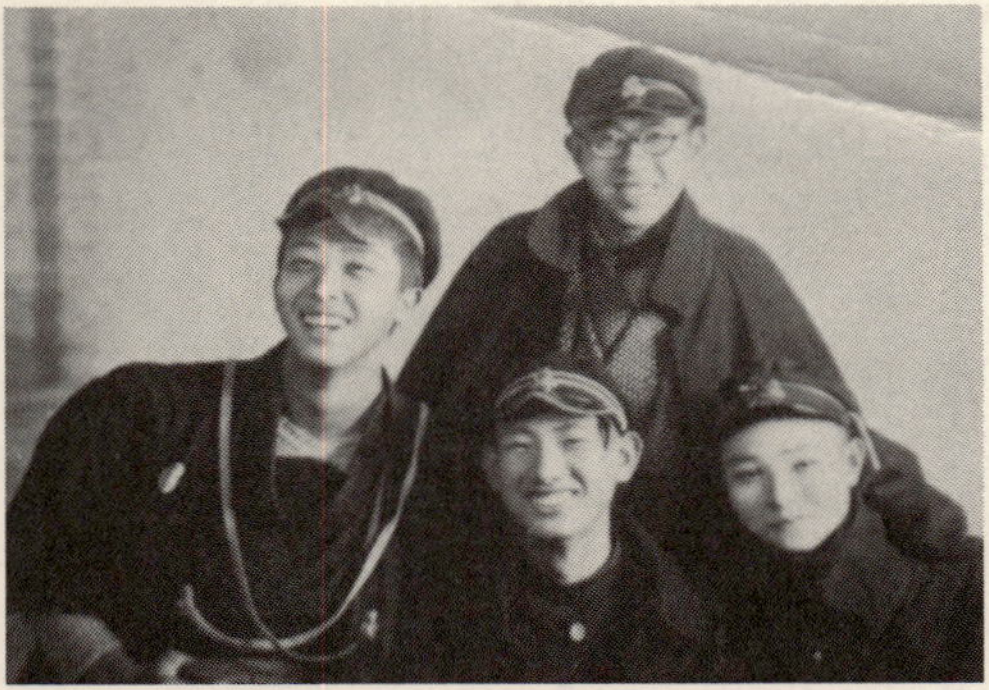
三浦氏の“無期停学処分”記念にと、阪田氏（左）らが送ってきた写真（昭和18年暮）

始めた明治から終戦まで日本がこうした「リーダー養成制度」を持ちえたこと、また、そこに学んだ生徒にとってもいい意味での〝ぜいたく〟だったのではあるまいか。

「本当に知的な人間」について三浦はこう思う。「与えられた問題を解くことではなく、問題を発見し、問題意識を持ち、問題を解こうとする人間のことだ」と。旧制高校の教育の真骨頂はそこにあった。

現代の大学入試は、偏差値によって大学の難易度がランク付けされ、ペーパーテスト中心の選考が行われる。故に受験勉強は、膨大な暗記作業や問題を早く解くテクニックを磨くことに終始してしまう。これで「本当に知的な人間」を育てることができるのだろうか。果たして平成24年8月に結果が公表された全国学力テスト（小6、中3対象）では今の子供たちが「応用力」や「論理力」に欠けている実情が浮き彫りになった。

「失われた20年」という強い閉塞《へいそく》感に覆われ続ける日本には〝真のリーダー〟が見当たらないといわれる。外交は「ない」に等しく、低迷する経済や震災の復興にも、長らく有効な対策を取ることができなかった。自らの保身や、その場しのぎのために、ウソを繰り返してまったく恥じる様子もなく、政権の座にしがみつくような首相が続いてしまったのは真のリーダーを養成するシステムに欠けているからではないのか。

三浦はいう。「ペーパーテストは、ふるい分けるためのテストであり優秀な人材は見つけることに適していない。〝ペーパーテスト的人間〟は現象と原則が食い違うと『現象』を切り捨ててしまう。そこに『未来の問題』が埋もれているかもしれないし、大きな事態が起きれば、原則そのものを変える判断をしないといけないのに、できない。それが彼らの限界だ」

終戦後、運命的な再会

三浦と阪田の南溟寮6畳間での同居生活は、約半年で終わった。戦局の悪化で高等学校の修業年限は3年→2年に短縮され、阪田は昭和19年9月に兵隊にとられてしまう。

その阪田は21年6月、軍服のシャツに学生服のズボン、東大の角帽をかぶって突然、姿を現し、三浦を驚かせる。ひと足先に東大生になっていた三浦は、阪田を連れて大学の中を案内し、高校時代のように銀座や浅草、新宿の街を遊び歩いた。おごったのは三浦。ファッション雑誌の翻訳のアルバイトでフトコロが温かかったからである。

阪田亡き今、三浦はこう思う。「高等学校の寮というのは人間形成の場なんですよ。そこで阪田と出会えてよかった。まさに『運命的』でしたね」

サミットを仕切った胆力は鍛錬の賜物——中曽根康弘

エリートは国民への奉仕者

「ノブレス・オブリージュ」（高貴なる者は義務を負う）という言葉がある。真のエリートとは個人の利益のために行動する者ではなく、「国、国民への奉仕者」を指す。大局観と確かな戦略眼を持ち、ひとたび国の危機となれば先頭に立ち命をなげうつ覚悟で闘う。今、日本の政治家や外交官にその資質や気概を持った者が果たしてどれほどいるだろうか。

隣国の首脳に、わが国の領土を土足で踏みにじられ、「日本は国力が落ちた」とバカにされても満足に反論すらできない。お互いの国益が火花を散らしてぶつかり合う国際政治の現場は〝友愛〟などというヤワな世界ではなく「弱肉強食」だ。いったん弱みを見せれば相手は嵩《かさ》にかかって攻めてくる。今ほど〝タフで強いリーダー〟が切望される時代もあるまい。

東京サミットでは議長を務めた中曽根首相（当時、中央）。レーガン大統領、サッチャー首相（いずれも当時）らの顔が見える

中曽根康弘が、日本の首相として初めてのサミット（主要国首脳会議）に臨んだのは、1983年のアメリカ・ウィリアムズバーグだ。アメリカ大統領はレーガン、イギリス首相・サッチャー、フランス大統領・ミッテラン、西ドイツ（当時）首相・コールというそうそうたる顔ぶれである。中曽根は以後5回のサミットに出席。86年の東京サミットでは、ホストとして各国首脳を迎えることになる。

中曽根は、「サミットは政治家にとって真剣勝負で相手に立ち向かう『決闘の場』に等しい」という。「国威を発揚する場であるとともに、政治家としての能力が問われ、世界的政治家として、認められるかどうかの試練の場所でもある。だから毎回、十全の準備と心構えをもって臨んだものだった」

〝闘いの場〟は、公式の会議だけではない。コーヒーブレークの雑談で、各国首脳が話題にするのはシェークスピアの戯曲であり、ランボーの詩であり、ギリシャ神話であった。そこへ割って入り、日本の伝統文化の素晴らしさもアピールしなければならない。しかも、外国語を使ってである。

「少なくとも2カ国語を話せないとコーヒーブレークでは孤立してしまう。そんなとき高等学校（旧制）でやった勉強やフランス語が随分役立った。ミッテラン（仏大統

▼静岡高等学校
大正11（1922）年、静岡市の駿府城址《じょうし》の北側の地に設立（昭和25年閉校）。寄宿寮「仰秀寮」は富士山を仰ぐという意味。生徒は静岡に次いで、東京出身者が多く、東大への進学率も高かった。主な卒業生には、三井銀行（現三井住友銀行）の社長・会長を歴任した小山五郎、講談社社長を務めた野間省一、作家の吉行淳之介などがいる。

▼中曽根康弘（なかそね・やすひろ）
大正7（1918）年、群馬県生まれ。高崎中学（旧制）から、昭和10年、静岡高等学校（同）文科丙類に入学。16年、東京大学法学部卒。22年、衆院議員に初当選。57（1982）年、内閣総理大臣に就任。中曽根政権は、62年まで戦後3番目となる長期政権（1806日）となった。主な著書に「政治と人生」「日本人に言っておきたいこと」「自省録」などがある。

領）は、『キミのフランス語は会う度にうまくなっているじゃないか』とほめてくれたものですよ」

こうした場で大事なのは、語学力よりもむしろ、胆力であろう。そして、シェークスピアや日本の伝統文化について、外国人と語ることができる「教養」の深さであり、コミュニケーション能力である。

中曽根は、次第に各国首脳と個人的にも繋《つな》がりを深めてゆく。首脳会議では積極的に発言し、日本の立場をアピールした。メディアでは〝パフォーマンス政治〟などと揶揄《やゆ》されたりもしたが、国際政治の現場で各国首脳と堂々と渡り合い、存在感を示したという意味において中曽根は突出していた。こうした国際的な政治家として必要な資質を中曽根は、高等学校時代に得たという。

話は、その時から約50年前に飛ぶ。

自由、民主主義への目覚め

中曽根が、高崎中学（旧制）「4修（旧制中学は5年制だが、4年修了時にも高校を受験できた）」で、静岡高等学校（同）を受験したのは〝試運転〟〝腕試し〟のつもりだったが、思いがけず「文丙」（フランス語が第1外国語のクラス）に合格してしまう。

「それまで漠然と一高（東京）に行きたい、という気持ちがあったので、どうしようかと迷ったけれど、（出身地の）群馬にはない海があるし、富士山にも魅力を感じた。何しろ静岡には、女学校が多かったしね（苦笑）」。昭和10（1935）年、16歳の春のことである。

静高の寄宿寮「仰秀寮《ぎょうしゅう》」に入ったその日の夜中、中曽根はいきなり高校文化の〝洗礼〟に遭う。褌《ふんどし》に高げた姿の上級生がいきなり部屋へなだれ込んできて、太鼓を打ち鳴らしながら大声で寮歌をがなりたてる。高等学校名物のストームだ。ある者は新入生をたたき起こして〝説教〟をする。「オマエは一体ここに何を学びにきたのだ」と…。これらは、従来の価値観を壊すための「儀式」なのだ。

驚いたのは同じ新入生でも地方（群馬）の中学から4修で入った幼い中曽根と比べて、東京などの名門中学から来た生徒がすでにレベルの高い教養を身に付けていたことだ。「議論を吹っかけられても答えられない。『何くそ』と思って、そのときから猛烈に本を読み始めた」。半年後には彼らに追いつき追い越したというから中曽根も相当な負けず嫌いである。

では、旧制高校の教育の本質はどこにあったのか。

「『人間が本来、いかにあるべきか』ということでしょうね。自由、民主主義、人権といった基本的な価値観に目覚め、そこへ国家や世界、文学や歴史が入ってくる。生徒同士で議論を戦わせ、徹底的に批判することもあったけれど自由な発想を貴び、束縛はしない。右でも左でも学問的、人間的に卓抜な生徒は尊敬された。だから寮や図書館で猛勉強したのです」

生徒はそれを、教室ではなく、「自治」で運営される寄宿寮の生活で知る。そこは「人間形成、修養の場」でもあった。勉強は「暗記」ではなく、「発想力」を養う。「正直」を貴び、「卑怯《ひきょう》な振る舞い」は何よりも蔑《さげす》まれる。国への思いは「単純なナショナリズム」ではなく「文明を背負うがごとく大きな思い」だった。

日本人は覚醒する

戦後、政界に転じた中曽根は憲法改正などを訴え、血気盛んな言動から「青年将校」と呼ばれる。「占領政策から脱却し、旧世代とも対決して、『新しい日本』の建設綱領をつくろうという気概に燃えていた。そこには高等学校時代に培った精神や根性が宿っていた」

昭和42年、中曽根が派閥の長となり、総理を目指す基盤が固まったとき、応援に駆けつけたのもまた静高ＯＢの仲間たちである。中曽根が寮の炊事部長だったときに委員長を務めた俳人の久保田正英が先頭に立ち、小山五郎（元三井銀行社長・会長）、野間省一（元講談社社長）、持田信夫（元持田製薬社長）らが集まった。

中曽根は、静高時代に寮歌を２つ作っている。特に３年生のときに作詞・作曲した『江流《こうりゅう》に咽《むせ》ぶ哉《かな》』（昭和12年度）は長く後輩たちに歌い継がれた。中国の揚子江（江流）や静岡の自然、徳川家康などを歌詞に織り込んだ雄大な曲である。

その５番の歌詞の最後では『闇の彼方《かなた》に光あり』と歌っている。閉塞《へいそく》状況を打ち破り日本が再び「光」を見るには覚醒が必要であろう。次代の担い手は、かつての旧制高校生と同世代の若者たちにほかならない。

中曽根は思う。「今の若者たちに必要なのは修練と強烈な体験だ。それがあれば日本人は必ず覚醒する」

「たとえ30で死のうとも」の覚悟――今井 敬

真冬のプールに飛び込み

今井敬が、第一高等学校（東京）に入学したのはまさに「最悪の時期」だった。戦争末期に東京府立一中（現・都立日比谷高校）から海軍兵学校予科に移ったものの任官しないまま終戦。一中に復学し、一高の入学試験に合格したが、GHQ（連合国軍総司令部）が「（海兵、陸士など）軍学校出身者は全体の1割とする」という方針を打ち出したため、選考に手間取り、実際に入学したのは昭和21（1946）年9月になってからである。

「生活は最悪だったが、精神面では充実していた」と一高時代を語る今井敬氏

「寮に入ったが、とにかく食べるものがない。摂取カロリーより消費カロリーの方が多かっ

たから、あばら骨が透けてみえていた。衛生状態も悪いし、電気が来ないから暖房もない。自分の体温で温めるしかないから寮の煎餅《せんべい》布団の中で、１時間ぐらいは震えていましたね」

それでも精神的には充実していた。「生活」は苦しくとも旧制高校の〝良いところ〟はしっかり残っていたからである。

寮の部屋は、部活動に所属する者は部の部屋に、そうでない者は一般部屋に、と分

▼今井以前の経団連会長の学歴

石川一郎（在任期間昭和23～31年、旧制一高—東大）▽石坂泰三（同31～43年、一高—東大）▽植村甲午郎（同43～49年、一高—東大）▽土光敏夫（同49～55年、東京高等工業＝現東工大）▽稲山嘉寛（同55～61年、一高—東大）▽斎藤英四郎（同61年～平成２年、新潟高—東大）▽平岩外四（同２～６年、八高—東大）▽豊田章一郎（同６～10年、一高—名古屋大）

▼今井敬（いまい・たかし）

新日鉄名誉会長。昭和４（１９２９）年、神奈川県出身。東京府立一中（旧制）、海兵予科を経て、昭和21年９月、第一高等学校（同）文科乙類入学。在学中は水泳部で活躍（種目は平泳ぎ）。27年、東京大学法学部卒。新日鉄社長、会長を歴任。平成10～14年、第９代経団連会長を務めた。

一高時代の今井氏

かれていた。今井が入った水泳部の部屋は3つあり、そこに1~3年生が同居する。とはいえ水泳だけをやっていたのではない。バルザックやドストエフスキーなどを貪《むさぼ》り読み、人生に悩み、夜明けまで哲学論を戦わすような毎日にどっぷりとはまり込んだ。

「旧制高校の良いところは、（生徒の多くは帝国大学へ進学できるルートが開かれていたため）受験勉強だけをやらなくてもよいという余裕があったことでしょうね。スポーツ、読書、哲学、仲間との議論。弱々しい青年では決してなかった」

水泳部では、忘れられない思い出がある。22年2月の一高紀念祭（寮生による年に1度の最大のイベント。紀念祭に合わせて毎年新たな寮歌が作られる）。盛り上がったところへ先輩からビールが樽《たる》で差し入れられた。今井にとってはこれが「人生初の酒」である。

水泳部伝統の「河童《かっぱ》踊り」をやった後に「飛び込め！」の指令が出たからたまらない。今井らはホロ酔い加減で、真冬の凍《い》てついたプールに飛び込み、やっと25メートルを泳いだものの身体は震え、手足はかじかみ、風呂に飛び込んだとたん目を回してしまった。

寮歌もよく歌った。頻繁に登場するキーワードは、自治、自由、憂い、そして友情である。「例えば、『仇浪騒《あだなみさわ》ぐ』（明治40年）は友情の代表的な歌。その4番の歌詞がいい。『友の憂いに吾《われ》は泣き、吾が喜びに友は舞う。人生意気に感じては…』。当時、『（寮歌に夢中になりすぎて）１００曲覚えたヤツは落第する』といわれたものだが（苦笑）、ボクはそこまではいかなかったなぁ」

戦後を見据えた教育

話は前後するが、今井が一高入学前に入った海軍兵学校予科の教育も旧制高校とは質的に違うが、なかなかユニークで興味深いものであった。

海軍兵学校予科は当時、より早い時期から士官候補生の養成を図る目的で約60年ぶりに復活。学校は、長崎県佐世保市の針尾島（現在、ハウステンボスがある島）にあり、「旧制中学2年修了程度の学力」を受験の条件にした昭和20年4月入学組の試験には、全国の名門中学などから、約9万人が殺到した。合格者は約4千人だったから競争率は何と20倍強である。

「（東京府立）一中からは50人ぐらい受けたでしょうか。英語の授業は週5時間もあり、教官の号令も英語。軍事教練などはまったくなく、モールス信号や手旗信号をやったぐらい。教官の多くは、大学などを出たての予備学生で、非常に自由な雰囲気でしたよ」

海軍兵学校は終戦末期に、大量採用を行ったために、予科を含め1万人以上が在校生のまま終戦を迎えている。彼らの多くは旧制高校や大学へ転じ、戦後日本の復興を支える人材となった。そのひとりである今井はこう思う。「（兵学校の中に）すでに戦後の日本を見据え、復興を担う人間を育てておこうという意図を持った人がいたのかもしれません」

「失われた20年」との関係

戦後、今井がアメリカの社会学者で「ジャパン・アズ・ナンバーワン」の著書で知られるエズラ・ボーゲル（元ハーバード大教授、1930年生）と会ったとき、「旧制高校卒業生のネットワークが、日本の復興に随分、役立った」という話を聞かされたという。

実際、ある時期まで政界、官界、財界の一線には旧制高校ＯＢがいた。「財界総理」と呼ばれた歴代の経団連会長の学歴をみても、今井を含め、それ以前の会長のほとんどが旧制高校―帝国大学のコースを歩んでいる。改革を推進する組織などに財界人を、しばしば登用した元首相の中曽根康弘（１９１８年生）は、「（当時の財界人は）同じものを身体の背骨に持っていた」と話す。

ところが、最後の旧制高校世代が現役を離れた約20年前から、時期を合わせたかのように日本の凋落《ちょうらく》が始まった。今に続く「失われた20年」である。元東洋経済新報社取締役編集局長の伊豆村房一《ふさかず》（１９４１年生）は、「かつての財界人は、剛毅で、天下国家を見据えているリーダーが多かった。財界の衰退も、『失われた20年』と重なっている」という。

旧制高校最後の世代であり、一中―一高―東大、そして経団連会長と〝エリート中のエリート〟のコースを歩んできた今井は、こうした意見をどうみているのだろうか。「世の中は変わっているし、日本経済を取り巻く状況も違う。単に『旧制高校の卒業生が現役からいなくなったから』というのはどうだろう」と疑問を呈した上で、戦前・戦後の教育制度の違いに触れた。

同世代の１％以下という〝選ばれしエリートの卵〟であった旧制高校生と比べて戦後は、「平等」を建前とする教育制度に変わった。「順番を付けるのがいけないという社会になった。そんな教育を受けた世代が親になってゆくと『エリートはよくない』とされ、政治家なども尊敬の対象ではなく軽蔑されるようになってしまう。平等主義は、よい面もあるが、やっぱりリーダーが出にくくなった、ということにはなるでしょうな」

今井には、現代の高校生が大学に入るための受験勉強だけに追われ、汲々《きゅうきゅう》としているように見えて仕方がない。母校一中の後身である日比谷高の卒業式でこんな話をしたことがある。

「明治維新期に活躍した吉田松陰や高杉晋作は30歳前後で亡くなっているが、立派な業績を残している。あなたたちも今からでも遅くはない。世の中のことを考えて、たとえ30で死んでも悔いないような人生を歩んでください」と。

教授に受けた物理の珍答案―北杜夫、小林登

旧制高校生は市民の憧れ

白線帽に黒マント、朴歯《げた》を鳴らし、寮歌を高吟しながら街中を練り歩く。メッチェン（女性）、ドッペる（落第）などドイツ語由来の独特の言葉を使い、人生に悩み、議論に明け暮れ、哲学や文学にどっぷりとはまり込む…。旧制高校生は一般市民の憧れであった。

一高～八高のナンバースクール、松本、新潟、松山、山口など地名を冠した高校の多くは官（国）立（一部に公立、私立校も）であり、帝国大学予科を含めても総校数は40弱。明治中期から廃止となった昭和25年まで、旧制高校出身者の総計は21万人あまりにすぎない。

旧制高校は当時の教育制度である６（小学校）５（中学校）３（高校）３（大学）＝現在は６・３・３・４制＝の中に位置し、年齢でいうと、10代半ばから20歳前後。同

世代男子の1%弱という「選ばれしエリート」であり、卒業生の多くが帝国大学へ進学した。国を背負う気概を持ち、また、周囲もその役割を期待したのである。

かつて、松本高等学校があった地に、こうした旧制高校生の文化や生活を再現した「旧制高等学校記念館」(長野県松本市のあがたの森公園内)がある。同校の旧本館や講堂を記念館の一部として利用して全国から集められた旧制高校の資料や写真などが展示されており、訪れる人が絶えない。

その一角に、同校OBである作家、北杜夫の展示コーナーがある。記念館所蔵の資料の中で目を引くのが、北が在校中に書いた物理の試験の珍答案だ。

あるときは答案用紙に『僕等《ぼくら》の物理学』というタイトルで詩を書いた。〈恋人よこの世に物理学とかいふものがあることは海のやうにも空のやうにも悲しいことだ…〉。当時の松本高の物理の教授はこれを面白がって、合格点に1点足りない59点をつけてくれたという。物理が苦手だった北は毎回〝こうした手〟を使って教授をケムにまいていたから痛快ではないか。

作家仲間だった三浦朱門(1926年生、高知高—東大文)は「理科の生徒が物理をできないなんて普通なら落第です。それがちゃんと卒業している。これが高等学校なんですよ」

北が書いた「どくとるマンボウ青春記」には、こうした松本高時代の面白くもおかしいエピソードが満載されている。とりわけ、厳父・斎藤茂吉《もきち》（歌人、1882〜

▼松本高等学校

一高〜八高のナンバースクールに続く9番目の高等学校として、地名を冠した山口、松山、新潟の各校とともに、大正8（1919）年、長野県松本市に創設（昭和25年閉校）された。日本アルプスをはじめとする大自然に憧れ、東京などからの受験生も多かった。主な卒業生は、作家の北杜夫、辻邦生、映画監督の熊井啓など。平成23年のNHK朝ドラ「おひさま」の舞台のひとつになった。

▼北杜夫（きた・もりお）

本名・斎藤宗吉。作家、精神科医。昭和2（1927）年、東京生まれ。父は歌人の斎藤茂吉、兄は精神科医でエッセイストの斎藤茂太。私立麻布中（旧制）から、20年、松本高等学校（同）理科乙類入学。東北大学医学部卒。35年、「夜と霧の隅で」で芥川賞受賞。主な著書に「楡家の人びと」「どくとるマンボウ航海記」など。

▼小林登（こばやし・のぼる）

東京大学名誉教授、小児科医。昭和2（1927）年、東京生まれ。東京府立19中（旧制、現・都立国立高校）から、海軍兵学校を経て、21年、第一高等学校（同）理科甲類に入学。在学中はヨット部で活躍。29年、東京大学医学部卒。国立小児病院（現・国立成育医療センター）院長、日本赤ちゃん学会理事長などを歴任。

現在は旧制高等学校記念館となっている旧制松本高校本館（長野県松本市）

1953年）とのやりとりは抱腹絶倒だ。

精神科医で、青山脳病院の院長でもあった茂吉は、次男の北が外科医になることを望んでいた。ところが北の志望は動物学者。一応は抵抗を試みたものの、〝低空飛行〟を続けていた成績も茂吉にバレてしまい、結局は東北大学の医学部を受けることになってしまう。だが、結果は見事、合格であった。〈奇蹟《きせき》のごとく私が合格してしまったので、その頃、ようやく大石田の疎開地から東京に戻ってきていた父は、さすがに御《ご》機嫌であった〉「どくとるマンボウ青春記」。試験になると特別な力を発揮する才能が北にはあったのかもしれない。

父の茂吉は、苦学して一高（東京）から東京帝大医科大学（現医学部）を出ている。一高入学は明治35（1902）年。一高の代表的寮歌である『嗚呼《ああ》玉杯《ぎょくはい》に』が作られた年である。茂吉も仲間と一緒に「玉杯」を歌っただろうか。

「遠回り」で決まった将来

時代は下るが、茂吉と同じコース（一高─東大医学部）をたどったのが、北とは同年の生まれで、国立小児病院（現・国立成育医療センター）院長や日本赤ちゃん学会理事長などを務めた小林登である。

ただし、小林は少し〝遠回り〟をした。東京府立十九中（現・都立国立高校）から、海軍兵学校（75期）に進み、終戦の年（昭和20年）に卒業。海兵の多くの同期生がそのまま大学へと進んだ中、「自由な雰囲気で勉強を最初からやり直すのもいい」と考えて一高を受けたからである（21年9月入学）。

「海兵の後輩の多くは旧制高校の途中学年に編入したから（最初から入り直した）ボクは少し遅れたけど、それをマイナスだと思ったことはない。海兵時代も、当時の井上成美《しげよし》校長の方針で英語や自然科学系の勉強をたっぷりやれた。だからボクは2つのいい学校（一高と海兵）を出たと思っている」

一高に入って驚いたのは、とてつもなくアタマがいい秀才がいっぱいいたことだ。恐ろしく難解な本を全巻読み終えたとか、すでに数カ国語をマスターしているとか…。「ボクがある自然科学のグループに入ろうとしたら『オマエは熱力学の○×の本を読んだか？』と聞かれ、読んでいないと仲間にも入れてくれない。年齢もバラバラで、何浪もして入ってきたという猛者もいましたね」

教授陣にもユニークな人が多かった。教師は「生徒が自分で勉強して、ついてくるのが当たり前」と思っているから、「ついてこられない」は生徒はそのまま〝置き去り〟である。

将来の志望が固まっていなかった小林は一高3年のときに〝運命の人〟と出会う。「育児の神様」と呼ばれた小児科医、内藤寿七郎《じゅしちろう》（1906〜2007年、旧制五高―東大医学部）である。「戦後の赤ちゃんブームの中で、内藤先生が浅草の薬局の2階で育児教室をやっておられた。その家に家庭教師に行っていたボクは内藤先生を紹介してもらい、医学を志すことに決めたんですよ」

ところが、東大の医学部は当時から最難関。小林が受験したときは一高から約60人が受け、合格は3分の1の約20人だけ。しかも小林は理学部、工学部系のクラスだったから、医学部受験に必要な科目が弱い。果たして1年目は不合格だった。

「（東大医学部の入試科目は）語学は英語とドイツ語が必須。理科も物理、化学、生物と3科目あったかな。でも、もう1年やれば何とかなる気はした。しかも、ボクが入った年に限って、なぜか合格者が多かったんだよ（苦笑）」

戦後、旧制高校のようにエリートを選抜する教育制度はなくなった。大学は大衆化し、進学率は5割を超える。教養主義はもはや跡形もない。〝回り道〟をして、いろんな学校で学んだ小林はこう思う。

「戦後、大学が大衆化し男女平等になった。それはそれでいい。でも一方で、旧制高校のような『レベルの高いもの』も必要ではないか。国を背負うエリートの養成は世界中、どこの国でもやっているでしょう」

エリート養成は不要なのか――天野貞祐、西澤潤一

大学マス化の原点は学制改革

平成24年の田中真紀子文科相による〝新設大学不認可騒動〟は結局、腰砕けに終わったが、大学の数が増え過ぎ、「教育の質が低下している」という指摘は、やり方に問題があったにせよ、本質を突いていたのではないか。

廃校が決まり、第一高等学校の門札を外す麻生磯次校長と見守る生徒ら(昭和25年3月)

現在（平成25年）、大学の数は800近くもあり、20年前に比べても約1・5倍に増えている。中には恒常的な定員割れや、入学者の学力レベルがあまりに低い大学も少なくない。少子化で子供の数が減っているのに、なぜ野放図に大学数が増えるのか。しかもそこに巨額の税金が投入されているというのに、だ。

あの騒動で多くのメディアの報道は、〝マキコ大臣の暴走ぶり〟に力点が置かれていたが、官僚が作った政策や、ほとんどそれを追認するだけの審議会とやらの仕事を大所高所からチェックするのは政治家本来の仕事である。ただ、やり方が感情的で二転三転してしまうから〝女のヒステリー〟と揶揄《やゆ》されてしまう。

現在の大学のマス化、大衆化を招いた「原点」は戦後、GHQ（連合国軍総司令部）主導で行われた学制改革にある、と言っていい。昭和22年の教育基本法と学校教育法の公布によって、新たに6（小学校）・3（中学校）・3（高校）・4（大学）という単線系の教育制度が採用された。

戦前の旧制中学（5年）―旧制高校（3年）―帝国大学（3年）という早い段階で「エリートの卵」を絞り込んでいく選抜主義とは異なり、教育の機会均等、平等主義をタテマエとする学制に変わる。旧制高校は同25年を最後に廃校が決まり、新制大学

▼**西澤潤一**（にしざわ・じゅんいち）
大正15（1926）年、仙台市出身。旧制第二高等学校（仙台）から、東北大学卒。工学博士。東北大学総長、首都大学東京学長などを歴任。文化勲章受章。

の教養部などに吸収されてゆく。同15年には約50校しかなかった大学（このうち帝国大学は外地を入れて9校）は、同29年、一挙に約230校にまで膨れあがったのである。

新旧学生の奇妙な同居

新旧の学制移行に伴い、旧制高校の寮では奇妙な現象が起きた。旧制高校で3年間をフルに過ごせた最後の生徒は昭和22年入学組である（卒業後は3年制の旧制大学へ進学）。翌23年入学組は1年だけ高校に在籍し、翌24年には新制大学（4年制）へ行く。このため、24年の寮には「高校生の上級生（22年入学組）」と「大学生の下級生（23年入学組）」が同居することになったのである。

旧制一高の寮史「向陵誌」を見てみよう。《奇妙な同居生活が始まった。（略）一高生は新制東大生が図書館で騒々しく雑談するなどマナーが悪いのに驚き、彼等《かれら》を子供扱いした。対照的に一高生に対し、反発的気分をもって接した》。新制東大生の寮の歓迎晩餐《ばんさん》会で、一高の代表的寮歌『嗚呼玉杯に』を歌うことを提案したら、新制東大生のひとりが飛び出し、「軍国主義のアナクロニズム（時代錯誤）」と非難したエピソードも記されている。

旧制高校の廃校については、戦前の日本を支えたリーダーの養成システムを解体させ、平等主義を採用したいＧＨＱなどアメリカ側の意向に加えて、「旧制高校―帝国大学」コースというインナーサークル（内輪）の特権意識や学閥に対する、私学など他の学校の反発があったのは間違いない。

『旧制高校物語』（文春新書）を書いた秦郁彦《はたいくひこ》（１９３２年生、東大）によれば、廃止の意向は、インナーサークル側の人間も含めて、「ＧＨＱよりもむしろ日本側の意向が大きかった」とし、〝立役者〟として当時の東大総長、南原《なんばら》繁（１８８９～１９７４年、一高―東大）の名前を挙げている。

東大教養学部内にある「一高ここにありき」の記念碑（東京都目黒区駒場）

南原の行動については、「一高よりも東大を守ることを優先した」という評価もあるが、秦はこう思う。「（南原は）旧制高校の気風に、なじめないものを感じていたのではないか。また、当事者の旧制高校生自身でさえ、（廃止反対の）座り込みひとつしていない。『なくなっても仕方がない』というムードが支配的だったのだろう」

リベラルアーツ型の大学を

旧制高校廃止の流れが強まる中で、別の形での存続を模索していた男がいた。当時（昭和21〜23年）一高校長だった天野貞祐（1884〜1980年、一高—京大、後に文相、独協大学学長）である。

天野が提唱したのは、旧制高校の神髄である人文系の教養主義を軸にしたリベラルアーツ型の大学だったが結局、この案は採用されず、23年2月、天野は抗議の辞任をしてしまう。

だが、戦後も、旧制高校復活論や、天野が提唱したような「教養大学」創設の運動はくすぶり続ける。中でも、日本寮歌振興会を中心としたメンバーで平成9年に創設された「日本の高等教育を考える会」（後に「日本の教育改革を進める会」）は、19年まで7次にわたって、文科相などに対して提言を行った。

一貫して訴えたのは、国を背負う真のリーダーを養成するための少数精鋭主義による「教養教育の充実」であった。19年8月の7次提言にはこうある。《高度の指導的人材を育成するには、教養教育の充実がとくに重要である。その目標は、視野の広い学識に裏打ちされた、高い倫理意識と使命感を持った人間の形成にある》。つまりは、旧制高校である。

具体的には、６年制の高等教育制度を新たに設け、前期の３年間を教養教育に充てることや、３年制の「教養大学」の設置を提案した。しかし、こうした提言が受け入れられることはなく、７次を最後に同会も解散してしまう。

代表者として運動に関わった西澤潤一はこう振り返る。「今の日本の教育は『少数のエリートはよくない』『差があるのはまずい』といった考え方が基本にあり、（提言に対し）国は及び腰だった。一方でわれわれの運動体が脆弱《ぜいじゃく》で強い意志に欠けていたことも否めない。ただ、エリート養成はどこの国でもやっていることだ。東大あたりが先陣を切ってくれれば後に続く大学もあると思うのだが…」

秦の見方はもっと悲観的だ。「旧制高校は戦後、新制大学に移行したというが、両者の間は事実上断絶しており、後継組織という意識はない。それを今さらシステムとして復活させるのは無理ではないか。今どきの若い人たちにとっては、（旧制高校の復活や教養大学の創設などは）何を目指しているのか、さえ理解できないだろう」

秦が言うように、時代や社会環境が大きく変わり、極度に大学が大衆化した今、旧制高校的なものをシステムとして復活させるのは難しいかもしれない。教養教育だけでなく、「自治」の寮とセットでなければ意味がない、という声もある。学校教育が難しければ、ボーイスカウトのような組織がその役割を担ってゆくのだろうか？　マキコ大臣でなくとも、今の高等教育制度がこのままでいいと考えている人は少ないと思うが、先述したような観点からの改革機運は盛り上がらない。「日本の高等教育を考える会」が発足した平成9年の会報にこうあった。《一国が衰退する時《とき》は、先《ま》ず社会の乱れにその兆候が現れるが、その前に、その国の若者および国の中枢を担う者達に道徳の退廃が現れる…》。そのでんでいけば日本は崖っぷちにある。リーダー養成や高等教育をどうするのか？　国民がもっと関心を持つべきではないのか。

軍人勅諭読み替え事件の真相 ― 浅沼実と品川正治

天皇と軍隊とを入れ替えて

第三高等学校（京都）とノブレス・オブリージュにまつわる、「秘められた物語」を書いてみたい。

ときは昭和19（1944）年2月。戦局の悪化は深刻さを増すばかり。高等教育機関への徴兵猶予の制度は次々と打ち切られ、旧制高校からも、多くの生徒が戦場へとかり出されていった時代のことである。

その日は朝から、三高校庭で陸軍の京都師団（第16師団）長による査閲があり、全校生徒が集められていた。そして、「軍人勅諭《ちょくゆ》」を生徒に暗唱させる場面で、前列に並んでいた生徒が自ら手を挙げた。理科2年の浅沼実《あさぬまみのる》である。

ところが、浅沼は本来「我国《わがくに》の軍隊は、世々《よよ》天皇の統率し給《たま》ふ所にぞある」というべきくだりを「軍隊」と「天皇」をひっくり返して述べた。つまり「我国の天皇は、

旧制高校で行われた軍事教練（写真は四高のもの）

世々軍隊の統率し給ふ所にぞある」と。これでは、「軍隊」が「天皇」を統率することになってしまう。

　生徒総代として、校長らと並んで最前列にいた品川正治《まさじ》は息をのんだ。「（浅沼が）あまりに朗々とした調子でやったものだから、最初は師団長も気付かなかった。だが、副官が『もう一度言ってみろ』と激高し浅沼に迫ったのです。軍刀の柄《つか》に手がかかっていましたね」

　ところが浅沼は悪びれもせず、さらに「天皇に名を借りて軍はこの国を一体どこに連れていこうとしているのですか」とたたみかけたからたまらない。師団長は即座に大声で「解散」を宣言したが、ほとんどの生徒は何が起こったのかさえ、分からなかったという。

学校を守りたい一心で

三高の校長は、学校を潰されることを覚悟した。この2年前には、軍事教練の最中

品川正治氏

に生徒が配属将校の理不尽な言動に怒り、銃の台座で殴りつけるという事件を起こしている。このときは廃校処分を免れた（生徒は放校）が、今回、浅沼がやったことは反戦運動に近い。校長と教頭は辞表を提出した。

もうひとり行動を起こした者がいる。生徒総代の品川だ。学校には退学届を、そして陸軍に対しては嘆願書を出した。「自分（品川）を一兵卒として、直ちに最前線に出してほしい」というのである。

品川と浅沼は、同じ旧制神戸二中（学年は浅沼は1年上だが、浅沼が浪人したため、三高では同学年）出身の親友だった。〝読み替え事件〟の直後に浅沼は品川のところへやってきてこう聞いた。

「君に迷惑をかけて済まなかった。ただ、これだけは確認したい。オレのやったこと

▼品川正治（しながわ・まさじ）

大正13（1924）年、神戸市出身。神戸二中（旧制）から、第三高等学校（同）を経て、東京大学法学部卒。日本興亜損保（旧日本火災）の社長・会長を歴任。経済同友会副代表幹事を務めた。

今も使われている三高時代の正門（京都市左京区の京都大学）

三高の校風について語る白水和一氏（右）と村尾清一氏

を心の中で尊敬してくれるか」と。

品川の答えはこうである。「君は正しかった。ボクはアンタのまねはようせんけど、これからは正しいものと、正しくないものを見分けながら生きてゆく」。浅沼は、「それだけ聞けば満足だ」といい、それきり姿をくらました。品川が例の嘆願書を出したのはこの後のことである。

「ボクが責任を取り、学校を救いたい一心でしたね。浅沼は、教授さえ一目置いていた天才で、理科なのにカントの哲学書なども読み込んでいました。彼は、天皇制を否定したのではなく、軍が利用することを許せなかったのでしょう」

最前線へ飛ばされれば戦死の確率は高い。死ぬことを覚悟して学校を救おうとした若者がこのとき、確かにいたのである。

あるいは、品川が守りたかったのは三高の「自由」だったのかもしれない。「自治」と「自由」を〝二枚看板〟にする旧制高校の中にあっても三高の「自由」は飛び抜けていた。

品川と同期にあたる白水和一《はくすいわいち》（1924年生、三高―東大）は昭和17年に三高に入学して、あまりの自由さに驚かされる。「入学式で、生徒の代表と学校の代表が、入れ代わり立ち代わり壇上に上がり、お互いが言ったことを堂々と否定し合うんですな。学校側が『まじめに授業出てください』といえば、生徒の代表が『くだらん教授の授業に出る必要はない』と…これはえらい学校に入ったなぁ、と思いましたね」

三高の「自由寮」には食事の時間を除いて、生徒を縛る規則らしい規則はない。白水が最初に教えられたのは「たとえ先輩でも、名前は必ず呼び付けにしなければならない」というオキテだったという。

読売新聞出身で日本エッセイスト・クラブ会長を務めた村尾清一《きよかず》（1922年生、三高―東大）によれば、「三高のOB名簿には、たとえ総理大臣やノーベル賞受賞者であっても、肩書は一切書いていない。亡くなったら、ただ『逝去』とあるだけ。死んだらみな同じ。三高らしいと思いますね」。

「公式記録」は一切なし

不思議なことに「軍人勅諭読み替え事件」で浅沼は放校処分になったものの、それ以外の処分者はなかった。辞表を出した校長も教頭も「一切おとがめナシ」だったのである。

品川の両親は軍に嘆願書を出したときに息子の戦死を覚悟した。父親は「お前は必ず死ぬだろう。だから今のうちに好きなところへ行け」と大金をくれたぐらいである。ところがいつまでたっても召集令状がこない。

そして1年近くもたった昭和19年12月、ようやく召集令状が届く。「嘆願書」通りに2等兵として中国の共産党軍と対峙《たいじ》する最前線へと行かされることになった。戦場では中国兵との白兵戦を経験し負傷もしたが、九死に一生を得て21年春に復員する。

三高の退学届は受理されておらず書類だけで東大法学部に進学したことになっていた。

「あらゆるところを徹底的に調べましたが、軍人勅諭読み替え事件の記録は一切見つかりませんでした。おそらく、師団長に責任が及ぶことを心配した軍が、事件を『なかったこと』にしたんでしょうね。ボクに長い間、召集令状が来なかったのも、軍の内部で扱いを揉めていたからだと思いますよ」

品川が復員後、真っ先に思い立ったのは、浅沼とその家族を捜すことであった。だが、品川は弟から地元紙の小さな記事を見せられ、愕然《がくぜん》とする。浅沼は品川が戦争に行っている間に、故郷の神戸で鉄道自殺したことが書かれていたのである。薬局をしていた浅沼の母親と国鉄（当時）神戸駅の売店に勤めていた妹の行方は分からなかった。

品川はいう。「浅沼は自殺するような男じゃないんですよ。姿をくらましたその日のうちに軍に拘束され、命を奪われていたのかもしれない。真相は今も分かりません」

第2章　教養主義と自治の精神

息づいていた「武士道精神」——若井恒雄、徳増須磨夫

卑怯な振る舞い拒んだ友

三菱銀行（現・三菱東京UFJ銀行）の頭取、会長、そして全国銀行協会会長を務めた若井恒雄《つねお》。昭和18（1943）年の第一高等学校（東京）文科乙類（ドイツ語が第1外国語）のクラスで、若井の「前の席」に座っていたのが、住友海上（現・三井住友海上）の社長、会長、日本損害保険協会の会長を務めた徳増須磨夫《とくますすまお》である。

徳増は、神戸一中（同）から1年浪人して一高に入ったが、胸を病んでさらに1年休学していたから若井よりは本来2級上。よき相談相手になった。

その年の秋、若井が腰を痛めて空手部を辞めたとき、文化部の「瑞穂会《みずほ》」に誘ってくれたのも徳増である。若井がいう。「（全寮制の一高では）部活動ごとに寮の部屋が決められているから、辞めると寮の部屋も出なければならない。悩んでいるボクに、徳増君が『いい会だぞ、ぜひ来ないか』と救いの手を差し伸べてくれました」

瑞穂会は大正末期、下田武三（１９０７〜95年、元駐米大使、日本野球機構コミッショナー）らが提唱して設立されている。会規にはこうあった。「本会は諸方面より

▼新渡戸稲造の「武士道」

主な武士道精神とは「義─あるいは正義」サムライにとって、卑怯な行動や不正な行為ほど恥ずべきものはない▽「仁─惻隠の心（武士の情け）」弱者、敗者に対する「仁」は特に、サムライにふさわしい▽「名誉（恥の感覚）」─「名を汚すぞ」「恥ずかしくないのか」などは幼少時に教え込まれる。※参考「現代語訳武士道」（筑摩書房）

▼若井恒雄（わかい・つねお）

元全銀協会長。大正15（１９２６）年、東京出身。東京府立8中（旧制、現・都立小山台高校）から、昭和18年、第一高等学校（同）文科乙類入学。23年、東京大学法学部卒。三菱銀行（当時）頭取、会長を歴任。

▼徳増須磨夫（とくます・すまお）

大正12（１９２３）年、兵庫県出身。神戸一中（旧制）から第一高等学校（同）、昭和25年、東京大学法学部卒。住友海上火災（現・三井住友海上火災）社長、会長、日本損害保険協会会長を歴任。

▼竹山道雄（たけやま・みちお）

ドイツ文学者、小説家、評論家。明治36（１９０３）年生まれ。第一高等学校（旧制）から東京大学文学部卒。一高、東大教授を歴任。代表作に「ビルマの竪琴」。

日本文化を研究し、併せて広く人類一般の歴史、社会、政治、国際現状等の観察に及ぶ」

若井にとって瑞穂会の活動は知的刺激にあふれていた。とにかく、読書量がすごい。日本文化や歴史を追究しようと思えば、比較文化論が必要であり、古今東西、世界の文化、歴史に精通していなければならないからだ。

「片方で古事記や古今和歌集を読み、もう片方ではギリシャ神話や中国の古典を読む、というような勉強をやった。いろんな価値観の人がいたけど、先輩たちは、自分の意見を押しつけるようなことはせず、僕らの話をよく聞いてくれました」

徳増については、もうひとつ〝旧制高校生らしい〟エピソードが残されている。

若井によれば、あるとき、徳増の郷里の母から、当時、貴重品だったバターが寮に送られてきた。胸を病んだ息子のため、「栄養がつくように」と母の思いがこもった品である。

ところが、母心尽くしのバターを徳増は頑として食べようとしない。「彼（徳増）は、どうしてもひとりでは食べられない。食堂へ持っていって『みんなで食べろ』と言って聞かない。隠れて食べるなんて卑怯《ひきょう》だというのです。でも、僕らだってお母さんの思いがこもったバターは食べられないでしょう。押し問答が繰り返された後、みんなで分けて食べたかな」

徳増の父は武士の三男だったという。まさにこれは武士の「やせがまん」、名誉を重んじ、卑怯な振る舞いを蔑《さげす》んだ武士道の教えではないか。イギリスのエリートが育ったパブリックスクールが騎士道に基づく教育だとすれば、旧制高校には武士道精神が息づいていた。

完全なる生徒の自治で運営される寮生活では、24時間、行動をともにするため、人間性は隠しようがない。とりわけ嫌われるのは卑怯なヤツだ。毎日の生活の中でエリートなら当然、身に付けておかねばならない道徳心や公共心の大切さを否応《いやおう》なく思い知らされることになる。

ちなみに、明治32（1899）年に英文で刊行された「武士道―日本の魂」を書き、世界中に武士道精神を知らしめた新渡戸稲造《にとべいなぞう》（1862～1933年）は、明治の終わりから大正の初めにかけて、一高校長を務めた人物であった。

「スタイル」は変えず

若井は、2年生の終わり（昭和19年）に寮の風紀点検委員になった。通称「ふうてん」。寮生の生活態度全般をチェックする重要な役職である。

戦局の悪化が深刻になりつつあったそのころ、一高では勤労動員として2年生を茨城県内の日立の工場へ出すことになった。昼間は工場で働き、夜は工場近くの宿舎や旅館で生活する。そこで「問題」は起きた。

工場での働きぶりはともかく、宿舎内や街中で彼らは〝旧制高校生のスタイル〟を貫いた。弊衣破帽《へいいはぼう》の姿で寮歌を大声で歌う。食堂では、時間を守らない、食器も片付けない。果ては、街はずれの私娼窟に出入りする生徒までいる。こうした行動の根底には、高等学校への支配や監視を強めつつあった軍部への反発もあったに違いない。

当時、一高教授だったドイツ文学者の竹山道雄は、「昭和十九年の一高」という一文にこう書き残している。

《この年の春から、二年生は日立の工場に働きに行っていた。（中略）あの軍国化された工場町にあっては、一高生の生活はそれ自体が反抗であり、挑発であった。ある場合は侮辱としてうけとられた》

《一高生は青年学校の寄宿舎の一棟をかりたが、そこの先生たちはかねてから生徒にいっていた、「やがて一高生がくる。おまえたちはよく見倣《みなら》いなさい」。しかし、一高生がきてしばらくすると、（中略）「あんなものの真似《まね》をけっしてしてはいけないぞ」といましめた》

ただ、若井はこう思う。「(生徒たちはみな) いずれ戦争に行かねばならない立場なのですよ。つまり〝最後のハメ外し〟の意味もあったのではないか。それが分かっているからボクも強くは言えなかった」

文、理双方を備えた教養

一高のクラスで机を並べた若井と徳増は戦後、ともに金融界の一流企業のトップに就き、業界団体の長も務めている。

その若井に、今井敬《たかし》(1929年生、新日鉄名誉会長、元経団連会長) にした同じ質問を投げかけてみた。「旧制高校世代とそれ以降の世代との気質の違いはあるのか?」と。

若井は、「確かに違う部分はあると思うが、一概には言えない」とした上でこう話した。「(旧制高校生は) 当時の厳しい環境の中でも〝守られた存在〟であり、純粋に勉強を追求し、『教養』を身に付けられたことが大きい。ところが終戦後は世の中が変わり、生きてゆくためには手段を選べない、『とにかくカネ』という時代になった。そうした風潮の中で、『教養なんてくそ食らえ』という雰囲気も出てきたのだろう」

「教養」とは、単なる学識のことではない。武士道精神のような個人の価値観、行動規範も含まれる。「失われた20年」の低迷の背景にも「教養」の軽視、衰退があるのではないか。

日本の再生には何が必要だろう。若井は「新しい教養」の創造を挙げた。「日本が世界に貢献できる『教養』とは何か？ それは、理系と文系の知識を兼ね備えた教養ではないか。『真・善・美』のすべてを理解するには双方が必要。それが『新しい教養』だと思うのです」

「教養」による人間形成──中村真一郎

自分で考え、見つけ出せ

『中村真一郎　青春日記』（水声社）は、「戦後派」を代表する文学者のひとりである同氏が、旧制一高（東京）時代などに綴《つづ》った日記をまとめたものである。

時代で言えば、昭和9（1934）～12年、中村が16歳から19歳まで。ちょうど一高が東京・本郷から駒場へ移転した時期（昭和10年9月）を挟んでいる。日記には、最難関の一高に合格した高揚感や、「本郷最後の寮歌祭」の模様が綴られていて興味深いが、何より驚かされるのは、厖大《ぼうだい》かつ幅広い分野に及ぶ「読書」の記録だ。

10年4月、一高文科丙類（フランス語が第1外国語）に合格した中村は寄宿寮に入り早速〝蝋勉《ろうべん》（消灯後もロウソクをつけて勉強や読書をすること）〟を経験。窓の外におぼろ月が霞《かす》む光景を見やりながら「かかる晩こそモーパッサンを…」と決意を記している。以降の日記はほぼ毎日、読書の記録と感想で埋められていると言っていい。

中村真一郎、一高入学直後の昭和10年5月（17歳）の日記に登場する主な本

- 竹取物語
- 平家物語
- 堤中納言物語
- 出家とその弟子（倉田百三）
- 波（山本有三）
- 人と超人（バーナード・ショー）
- 若きウェルテルの悩み（ゲーテ）
- 人間嫌い（モリエール）
- 女の一生（モーパッサン）
- 青い鳥（メーテルリンク）
- 鼻（芥川龍之介）
- 復活（トルストイ）
- 桜の園（チェーホフ）
- 初恋（ツルゲーネフ）

※「中村真一郎 青春日記」（水声社）から

そのごく一部を別表に挙げたが、他にも「日本書紀」や「万葉集」に始まって、江戸期の井原西鶴や柳亭種彦、近現代文学では、谷崎潤一郎、島崎藤村、永井荷風、川端康成など。外国文学では、専門のフランス文学や詩から、ロシア、ドイツ、イギリスなど多種多様、もちろん原書も含んでいる。ジャンルは、純文学から大衆文学、詩や俳諧《はいかい》、哲学書、古典などに至るまで、まさに〝手当たり次第〟といった感がある。

これは中村に限った話ではない。旧制高校生はよく本を読んだ。そうでない生徒は寮内での雑談の輪にも入れなかった。作家の高村暢児《ちょうじ》（1922～98年）が書いた、『ああ黎明《れいめい》は近づけり』（潮出版社）で三高の新入生が先輩に〝勉強のやり方〟を聞く場面が面白い。

《（先輩）「講義なんて、どんなに素晴らしかったって、しょせんは講義だぜ。自分で考え、自分でさぐり、自分でみつけだす。高等学校の生活ってのはそのためにあるんだ」。（新入生）「何を考え、何をさぐるんですか」。（先輩）「そいつも、自分で考えて、

みつけだすんだな」（傍点筆者）》

そして、「どんな本を読んだらいいのか？」と尋ねた新入生に先輩は、倉田百三の『愛と認識との出発』や阿部次郎の『三太郎の日記』などを挙げた上で、「こういう本がいいとはいわないよ。みんな、一応は読んでいるってだけでね」（同）と諭す。これぐらいは〝基本のキ〟というわけだ。

▼旧制高校の授業編成

文科のクラスには甲類（英語が第1外国語）▽乙類（ドイツ語が同）▽丙類（フランス語が同）があった。このうち文科甲類と乙類のクラスはほぼ全校に設置されたが、文科丙類は、一高、三高、静岡高など少数の高校にとどまった。いずれも第1外国語は3年間を通じて週8～9時間、第2外国語が同4時間、設けられており、全体の3分の1強を「語学」が占めていたことになる。理科でも語学は重視された（週10～12時間）。

▼中村真一郎（なかむら・しんいちろう）

作家、評論家。大正7（1918）年、東京生まれ。第一高等学校（旧制）文科丙類（フランス語が第1外国語）から東京帝国大学仏文科卒。小説、詩、評論、古典、演劇など幅広い分野で活躍し、「夏」で谷崎潤一郎賞、「冬」で日本文学大賞を受賞。他の作品に「空中庭園」「雲のゆき来」など。日本近代文学館理事長などを歴任。

いずれも、当時の旧制高校生には「必読書」と呼ばれた本だが、内容は相当難解である。ケータイやパソコンいじりばかりで、小説すら読まなくなったイマドキの若者が見たら、まるで〝外国語〟であろう。

授業の3分の1強は語学

では〝三高の先輩氏〟が「しょせんは講義」と、うそぶいた旧制高校の授業や試験は果たしてどんな内容だったのか。

大正期から戦前までの文科の代表的な授業編成例（別表）を見ると、第1、第2外国語で全体の3分の1強を占めている。これは、イギリスのパブリックスクールなど、ヨーロッパの「エリート養成学校」がギリシャ語やラテン語に力を入れたのに似ているが、明治期には、大学に外国人教授が多かったことや、原書の専門書を読みこなす必要があったことが大きかったとみられる。

語学以外では、「国語・漢文」「歴史」「哲学」など、人文科学系に多くの時間が割かれている。これに対して「社会科学系」「自然科学系」は週に2、3時間ずつしかない。授業内容は教授にもよるが、高度かつユニーク。「現在の大学院レベルに近かった」（三高ＯＢ）ともいい、教科書を使わない独創的な授業も多かった。

長野県の県立高校校長を歴任した西澤久宣《ひさのり》（1920年生、旧制静岡高文乙—東大）は静岡高在籍当時（昭和14、15年）の定期試験問題を記憶している。14年11月の「西洋史」の試験問題は《ローマ帝国の地中海制覇の文明史的意義を述べよ》ほか2問。「心理学」では《感覚と現実的経験とを比較考察せよ》ほか2問。「地理」では《満州（現中国東北部）と北海道の農業の違いを述べよ》という問もあった。択一問題はなく、すべて記述式である。

「国史や西洋史は、そもそも教科書がなかったし、語学では、授業ではやっていない『実力問題』が必ず出題された。つまり、授業の勉強だけでは解けない。（静高は）及落の判定も厳しかったから、寮では必死で勉強しましたよ。基本的な要素さえ踏まえていれば、自分の考えを強く打ち出した独創的な回答も評価されましたね」

授業では習っていない問題が出たり、独創的な回答が求められるのだから〝詰め込み式の暗記〟では対応しきれない。普段からどれだけ本を読み、幅広い教養を身に付けているか。そし

旧制高校文科の授業編成例
（大正8年～昭和16年）

	一年	二年	三年	計
修　身	1	1	1	**3**
国語・漢文	6	5	5	**16**
第一外国語	9	8	8	**25**
第二外国語	4	4	4	**12**
歴　史	3	5	4	**12**
地　理	2			**2**
哲　学			3	**3**
心理・論理		2	2	**4**
法制・経済		2	2	**4**
数　学	3			**3**
自然科学	2	3		**5**
体　操	3	3	3	**9**
計	**33**	**33**	**32**	**98**

「旧制高等学校の青春」旧制高等学校記念館資料集から

て、想像力や応用力も問われることになるのだ。

貴重な「モラトリアム」期間

前回でも触れたが、旧制高校生は全国で9つ(外地を含む)しかない〃帝国大学へのパスポート〃を持っていた。西澤によれば、当時の静高文科乙類の卒業生は約8割が東大に、残り約2割は京大に進んだという。

だから、現在の受験生のように、知的好奇心をまったく刺激しない「厖大かつ単調な暗記作業」に追われることもなく、たっぷりといろんな本を読み、仲間と哲学論を戦わせ、スポーツにも打ち込むことができた。そして、大学に進んでから今度は「専門の学問」をやる。

そもそも、同世代男子の1％以下という秀才たちが24時間、寮で、人間性をさらけ出しながら共同生活を送っているのだから、面白い〃化学反応〃が起きないほうがおかしい。高等学校の3年間は、いわば猶予を与えられた貴重な「モラトリアム」期間だったのである。

彼らが打ち込んだ学問や読書は、世俗的には決して〃実用的ではない〃が、学問への畏敬の念を生み、大局観や広い視野を育み、一方では、エリートが陥りやすい「驕《きょう》慢《まん》」への自戒の心を養った。つまり、「教養」による人間形成である。旧制高校生と同世代で高等商業や工業などで「実学」（経済学や工学など）を学んでいた生徒たちは、こうした「モラトリアム」を大いに羨《うらや》ましがったという。

翻って現在を見れば、大学が社会に出るまでの「モラトリアム」期間かもしれない。だが、進学率が50％を超え、極度に大衆化した現在の「大学の中身」はまるで違う。大学生に中学の数学から教えなければならなかったり、中国からの留学生で〝員数合わせ〟をしている大学に「教養」による人間形成や学問への畏敬の念など望むべくもない。

「教養人」はなぜ消えたのか——前尾繁三郎と木川田一隆

「薄いヤツ」は恥

旧制高校における「教養主義」について、もう少し考えてみたい。戦前、旧制静岡高等学校文科乙類（ドイツ語が第1外国語）から東京帝国大学文学部国史学科に進んだ西澤久宣（1920年生、元長野県県立高校校長）によれば、生徒にとって最も恥ずべきことは、同級生から「薄いヤツ」と思われることだったという。「薄い」とは『教養』のことである。

前尾繁三郎氏

「30人のクラスの中で1、2人は試験の成績が及第点に達せず落第（留年）したが、彼らが同級生から〝劣等視〟されることはなかった。せいぜい『ほかの読書に夢中になりすぎたな』となぐさめられるぐらい。だが、日頃の議論の中で、『（教養が）薄い』と思われるのは恥だった。だからこそ、教養を身に付けようと、懸命に勉強したり、本を読んだのです」

それは単なる学識・知識だけのことではない。旧制高校が「教養」による人間形成の場であったことはすでに書いた。哲学や思想、歴史や文学といった学問や読書から先人の知恵を学び、内面に照らし自らを高めていくという姿勢。世俗的な目先の富や

▼旧制高校生が愛読した日本の哲学書など

「三太郎の日記」（阿部次郎）▽「出家とその弟子」「愛と認識との出発」（倉田百三）▽「善の研究」（西田幾多郎）▽「古寺巡礼」（和辻哲郎）▽「歴史哲学」（三木清）▽「学生と教養」「学生と読書」（河合栄治郎）

▼前尾繁三郎（まえお・しげさぶろう）

明治38（1905）年、京都府出身。宮津中学（旧制）から第一高等学校（同）、東京帝国大学法学部卒。大蔵省（現・財務省）を経て政界入り。通産相、自民党幹事長、衆院議長などを歴任。宏池会会長として、派閥も率いた。

▼木川田一隆（きがわだ・かずたか）

明治32（1899）年、福島県出身。角田中学（旧制）から山形高等学校（同）、東京帝国大学経済学部卒。東京電燈（現・東京電力）に入り、社長、会長を歴任。経済同友会代表幹事も務めた。環境問題にもいち早く取り組んだ。

権力にとらわれることなく『真（学問）・善（道徳）・美（芸術）』をトータルに追い求める態度のことである。

竹内洋《よう》（1942年生、教育社会学）は、『教養主義の没落』（中公新書）の中で、「教養人」として思い浮かべる人物について、衆院議長を務めた前尾繁三郎と元東京電力会長の木川田一隆の2人を挙げた。

《エリートはまわりからちやほやされる。驕慢というエリート病に罹患《りかん》しやすい。だからエリートになによりも必要なものは現実を超える超越の精神や畏怖する感性である。前尾にとって、現実の政治や官吏としての仕事を相対化し、反省するまなざしが教養だったのである》（『教養主義の没落』より）

旧制一高—東京帝大—大蔵省（当時）のエリートコースを経て政治家になった前尾は、通産相（同）、自民党幹事長、衆院議長などの要職に就いたが、ついに総理大臣にはなれなかった。竹内は、こうも書いている。《教養の深さが総理の座を遠いものにしたといわれる。（略）前尾にとって教養とは「ひけらかす」（差異化）ものでないのはもちろん、必ずしも「得をする」（立身出世）ものでもなかった》（同）

一方の木川田は、「企業の倫理や社会的責任」を強く打ち出した財界人として知られている。自社の利益だけを追求するのではなく、日中の関係改善など、財界人として国家を背負う仕事にも力を尽くした。ただ、福島第1原発事故での東電の対応をみる限り、残念ながらこうした先人の精神は見つけにくい。東電はどこで間違ってしまったのだろうか。

強かったドイツの影響

大正3（1914）年に出された阿部次郎（哲学者、美学者。1883〜1959年、一高─東大）の『三太郎の日記』は〝教養主義のバイブル〟と呼ばれた本である。著者自らがモデルと思われる三太郎が若き日の苦悩や思索を日記風に綴った同書にはゲーテやショーペンハウエル、ニーチェなどが頻繁に登場するが、竹内は、だからこそ、《学歴貴族青年（旧制高校生）のバイブルとなったのである》『学歴貴族の栄光と挫折』（講談社学術文庫）と書いている。

旧制高校の教養主義は、西洋文化の芳香に包まれ、とりわけドイツの影響が強かった。明治以降、近代国家への道を歩み始めた日本の「先導役」が西洋の学術・文化であり、将来、国のリーダーとなるべき立場の旧制高校生がそれに憧れ、積極的に取り込もうとしたのは自然な流れであったろう。

では「なぜドイツ」だったのか？　ひとつには哲学や文学、医学に至るまで明治以

旧制高校生言葉　※ドイツ語由来が多い

メッチェン	女性	リーベ	恋人
ドッペる	落第する	ゲルピン	金欠
ゾル	軍人、特に配属将校	エッセン	食事
ジンゲルアップ	芸者を揚げる	シャン	美人
オンケル	おじさん=老けた生徒	アインス、ツヴァイ、ドライ	1、2、3=かけ声
ダスキン	子供=ひよっこ		

降の学問的傾倒があり、旧制高校でも、ドイツ系の教員、ドイツ式の教育が強かった。語学では、英語と並んでドイツ語が重視され、生徒の中では、主にドイツ語由来の独特の「スラング」（隠語）が使われるようになったのである。

徳島大学総合科学部教授の依岡《よりおか》隆児（1961年生、ドイツ文学）は言う。「大正から昭和にかけて、ドイツから教養主義的な学問・文化が流入し哲学書や思想書がよく読まれた。文学ではヘッセ、マン、リルケなどが『青春小説』として定着、ゲーテの『ファウスト』も（人格形成を目指す）教養主義的な読み込みが行われました」

依岡によれば、「教養主義」は「青春」と相性が良かったという。人生に思い、悩み、そして、理想とする人格に近づいてゆく…。まさに「青春」ではないか。教養主義は時代によって、右や左に揺れながらも、旧制高校の教育・文化の中心に居座り続けたのである。

一方では、同世代の1％以下で帝国大学へのパスポートを持っていた「特権階級（旧制高校生）のファッション」というシニカルな見方もあったが、教養主義が学問への畏敬の念を生み、前尾や木川田のような「教養人エリート」を育てたのも間違いないだろう。

学生運動がトドメ刺す

旧制高校は戦後の昭和25（１９５０）３月に閉校する。だが、竹内によれば、旧制高校的な教養主義はその後も新制大学のキャンパスの中で生き続けた。当時、大学の教授陣の多くは、旧制高校のＯＢであり、学生の間でも例のスラングが使われていた。『三太郎の日記』などは再び版を重ね、教養主義は息づいていたのである。

ところが、大学のマス化、大衆化が進むにつれて教養主義は輝きを失ってゆく。急増した大学生はもはや、旧制高校生や帝国大学生のように将来を約束されたような「特権階級」ではない。ならば、就職には何の役にも立ちそうにもない「教養」などに〝うつつを抜かしているヒマはない〟というわけだろう。トドメを刺したのは、学生運動である。教授を「てめえ」呼ばわりし、自分たちの不満を暴力にぶつける学生たちにとって、〝特権階級的なにおい〟がする教養主義は打倒の対象でしかなかった。

さらに大衆化が進んだ現在の大学はレジャーランド化し、もはや運動を起こす気概さえない。専門課程との境界は曖昧となり、教養課程は事実上、崩壊した。学問への畏敬の念や教養人への憧憬《どうけい》など持たない学生にとって大学は、「大卒」という資格を得るためか、友達をつくる場所でしかなくなったというのは言い過ぎだろうか。

竹内は言う。「旧制高校的な教養主義は、昭和45年の『70年安保』の時期を最後に大学から消えたといっていい。『学問は尊い』という気持ちから培われるのが『教養』であり、『自省』や世俗を『超越』する気持ちがあるからこそ『教養主義』になる。今の政治家らを見ると単に『物を知らない』というよりも、そうした感じがまったくしなくなりましたね」

プライドをくすぐった寮の自治――木下広次

「ちゃんとした大人」とは？

旧制高校の教育や精神の神髄である「寄宿寮」について書きたい。序論でノーベル物理学賞を受賞した小柴昌俊（１９２６年生、一高（旧制）―東大）が、『「ちゃんとした大人」になれない若者が最近は増えている』と嘆いていた。

小柴がいうような「ちゃんとした大人」になれない若者の〝生態〟を知りたければ、電車に乗ってみるといい。いささかオーバーに描けば、こんな具合である。彼らの多くは、乗り込むや座席を探し、たとえ一般座席が空いていても「優先座席」を目指す。その方がより〝個室感（他人と触れ合わずに済む）？〟が高いからだ。

座席に着くと、スマホやケータイ（もっともこれは中高年も変わりがない）、ゲーム機を取り出す。両耳はイヤホンやヘッドホンでガードし〝自分の世界〟に入り込む。「オレに構うなよ」というわけだ。大音量が漏れようが、他人にぶつかろうが挨拶はナシ。目の前にお年寄りや赤ちゃんを抱いたママが立っても席を譲るのは年配者の方だ。

彼らには「緊張感」「機敏さ」もない。3分もすれば、〝舟を漕《こ》ぎ〟、身体をこちらに預けてくる（男女を問わずだ）。これが外国ならたちまち財布やカバンが消えているだろう。降りるときは、一秒でも長く座っていたいのか、電車が駅に着いてからゆっくりと席を立つ。だから乗り込んでくる人たちと、どんどんぶつかってしまう。もちろん挨拶はない。

さらに問題なのは「コミュニケーション能力」が育っていないことだ。豊かになり、少子化社会となった現代では幼いころから「個室」を与えられ、買い物はコンビニやネット上でする（会話の必要がない）ことが当たり前になっている。異年齢集団での「外遊び」が減り、家に籠もって一人でビデオゲームやパソコンに熱中するばかり。

コミュニケーション能力は本来、集団で「揉《も》まれてゆく」うちに自然と高まり、子供同士のオキテを学んでいくのだが、今はそれができないために、度を過ぎたいじめによって「死」に追い込んでしまったり、結婚や恋人がなかなかできずに、実体のないバーチャル世界に逃げ込んだりしてしまう。

まだある。「自分さえよければいい」というあしき個人主義や「カネさえあれば」

といった拝金主義がはびこり、『みんなで国や社会を支えてゆく』公共心や道徳心が消えかかっている――。こんなことを書くと、「大人も酷《ひど》いじゃないか」と反論されそうだが、その通りである。大人がだらしないから、こんな若者が再生産される。それは、現代の日本社会や政治を写し出す『鏡』であろう。

小柴は言う。「ドイツで暮らしたことがあるが、電車やバスでお年寄りを立たせて、子供が座席を占拠しているような光景は見たことがない。日本はそんな社会的訓練すらできていないのだ。叱らない親の責任も大きい。戦後に生まれた子供が親になって自分の子供にどういう教育したかが、今になって問題になっているのですよ」

▼旧制高校の寮

一高は、原則として通学を認めない3年間の全寮制をとり、1000人以上の寮生が共同生活を送った。他の高校では収容人数の関係から、1～2年間のみ寮生活というケースが多かった。学校ごとに「明善寮」（二高）、「時習寮」（四高）、「仰秀寮」（静岡高）、「思誠寮」（松本高）、「南溟《なんめい》寮」（高知高）などの名前がつけられていた。

▼木下広次（きのした・ひろじ）

嘉永4（1851）年、現在の熊本県生まれ。大学南校（後の東京大学）などを経て、フランスに留学、法学を学ぶ。一高校長、京都帝国大学総長などを歴任。

「揉まれる」経験が大事

「不快指数」が高まるようなことばかり書いたのは、その姿が旧制高校の寄宿寮が目指した精神や教育と「対極」にあるように思えるからだ。

旧制高校の門をくぐった生徒たちのほとんどは寮に入る。24時間、先輩や同級生と生活を共にし、読書や議論に明け暮れ、ときには、けんかもしながら切磋琢磨の日々を過ごす。共同生活で嫌われるのは、卑怯《ひきょう》なヤツ、ルールを守らないヤツだ。リーダーが生まれ、自分の〝立ち位置〟や守らねばならないオキテが分かってくる。日頃の駄弁《だべ》りの中で「教養が薄い」と思われるのは恥だから、必死に本を読む。学識・知識を深めるだけではない。教養を積むことによって自らを高めてゆく。

寮生活で何よりも大事なものとして寮歌に歌われたのは「自由」と「自治」、仲間たちとの「友情」である。弊衣破帽、ストーム、万年床、〝寮雨（窓からの小便）〟といった一見、ハチャメチャな生活も野放図に営まれていたわけではない。

生徒自らが運営し、規律を作り、自らが責任を取ることを徹底していた。そのために選挙によって選出する「内閣」たる寮委員会（執行部）、「議会」の総代会、「司法」の懲罰委員会といった組織を設けた。まるで「独立国」のようではないか。それを10代後半から20歳過ぎの若者がやったのである。

現代の若者には、こうした「自らが主体となる共同生活」を送る経験がほとんどない。濃厚な人間関係の中で〝揉まれる〟ことも少ない。だから、他人とうまく付き合うことが苦手で、ちょっとした挫折で「心が折れて」しまうのだ。

寮の「議会」にあたる旧制一高総代会

放埓ではない「自由」

旧制高校に、「寮の自治」を持ち込んだのは、明治中期に一高の校長を務めた木下広次である。「寮の運営はキミたち（生徒）に任せる。学校側は口を出さない。その代わり、責任を持ってきちんとやりなさい」ということだ。このやり方は、〝エリートの卵〟たる旧制高校生のプライドを、大いにくすぐったに違いない。

自治や自由は謳歌《おうか》する。だが、放埓《ほうらつ》ではない。「任されている」という責任感があるからこそ、逆に、不正や曲がったことはできないからだ。

全寮制による完全なる「自治」は一高を代表するキャッチフレーズとなった。明治35（１９０２）年の一高第12回

京都大学「吉田寮」。旧制三高寮の廃材を利用して作られ、当時の雰囲気がしのばれる（京都市左京区）＝平成24年

紀念祭寮歌『嗚呼玉杯に』の歌詞にも「自治」が登場する。《自治の大船勇ましく》《理想の自治に進むなり》。同34年の『アムール川の流血や』にもあった。《さらば兜《かぶと》の緒をしめて　自治の本領あらわさむ》と。

　木下が、寮の自治とともに一高に持ち込んだ精神に「籠城主義」がある。寮生は、世俗的な巷《ちまた》とは一線を画し、孤高であれ、という考え方だ。これには「大衆を低く見る（一高生の）特権意識の表れ」という批判があるが、むしろ、「目先の権力や富に惑わされることなく高き理想を貫く」という姿勢、物質的なものよりも、名誉や誇りを重んじる武士道の「やせがまん」に通じる態度であろう。

　一高には「正門主義」もあった。生徒は堂々と「正門」から出入りすべきで、決して、塀を乗り越えたり、「正門」以外から出入りしてはならない、というルールである。〝青臭い〟といえば、それまでだが、門ひとつのことであっても「曲がったことはやらない」という気概が感じられるではないか。

彼らにとって、寮での生活は、学校での授業よりもある意味大事なものだった。一高のやり方は、やがて全国の高校へと波及してゆく。

寄宿寮を「復活」させよ――澤 英武

9時間半の入寮式

元厚生官僚の網代毅《あみしろたけし》（旧制一高―東大）は「旧制一高と雑誌『世代』の青春」にこう書いている。《一高では入学式よりも入寮式がより重視されていた。これは生徒の自治によって運営される寄宿寮の意思であるばかりでなく、校長以下の学園全体の意思でもあった》と。

入寮式の中身がまたすさまじい。同書に、一高新聞の「向陵時報」で紹介された昭和18（1943）年4月の入寮式の模様が描かれている。まず、時間がべらぼうに長い。寮の大会議場である「嚶鳴堂《おうめいどう》」で午前10時に始まった式は、寄宿寮委員長の演説が6時間半、副委員長が2時間、さらに風紀点検委員が続く。寮歌『嗚呼玉杯に』を歌い、万歳三唱して終わったときには9時間半がたっていた。

この間、新入生は固い木製のいすに座らされたまま、中座も許されない。委員長らの演説は、哲学的なセリフをちりばめながら一高の伝統や気風、心構えを延々と説いてゆく。〝時代がかった〟設定も新入生の価値観をいったんたたき壊し、真っさらにして寮に迎えるのに必要な演出だったのだろう。

「第一高等学校自治寮六十年史」にはこうある。《寮委員長による「入寮演説」は、天下の秀才を自認する新入生の脳天に加えられる鉄槌《てっつい》となる。（略）ここに若人の自負は打ち破られ、心の革命が萌《きざ》す》

そこに記されている一高寮の〝風物詩〟が興味深い。

一高の入寮式（東京大学駒場博物館蔵）

■昭和11年の一高「寮内心得」（主なもの、現代かなづかいに修正）

一、正門以外より絶対に出入りを許さず

一、絶対に美髪長髪をなすべからず

一、起床より就寝までは制服または袴《はかま》を着用すること

一、自習室、寝室内は裸足《はだし》とす

一、制服制帽又は袴を着用せずして外出すべからず

再現された旧制高校の寮の一部（長野県松本市の旧制高等学校記念館）

寮の定員は一部屋12人程度。運動部や文化部に入った者は、その部屋に、そうでない者は一般部屋などに入る。入寮と同時に「寮歌」の指導がスタート。各部屋では、ことあるごとにコンパが開かれる。寮内は禁酒が原則だから、茶菓だけで寮歌をがなり立てる。全寮の茶話会、晩餐会などでは、入れ代わり立ち代わり演者が立ち、演説や余興、寮歌の合唱は、明け方までやむことがない。

ようやく部屋で眠りについたかと思えば、ストームに襲われる。窓ガラスや部屋を破壊するような〝暴力的な〟ものから、新入生をこんこんと諭す説教ストームもあった。寮のハイライトは年に一度の紀念祭。女人禁制の寮内もこの日ばかりは、女性にも開放されることが多い。紀念祭に合わせて毎年、寮歌が募集され、また新たな寮の歴史を刻んでゆく。

本を読んだり、議論を吹っかけたりするのは〝基本のキ〟。消灯後も蝋燭《ろうそく》を灯して、勉強や読書をしたり、議論に熱中するあまり夜が白み始めた、なんてこともしばしば。授業にはほとんど顔を出さず、寮に籠もっていたり、山登りなどに熱中するあまり落第を繰り返し、〝裏表6年（各学年を限度いっぱいの2年間ずつやること）〟の猛者も珍しくはなかった。

寮の行事や規律維持、3度のメシの食材の手配まで一切合切を生徒がやる。執行部たる寮委員会が企画・立案、実行し、重要なことは各部屋から代表を出す総代会で議決する。ルールを破れば懲罰委員会（戦後に創設）で処分を決める。退寮となれば、ほぼ自動的に退学処分になるほど、「寮の自治」は尊重されていた。

首都大学「桜都寮」の挑戦

こうした「旧制高校の寮」を現代に復活させよう、という試みがあった。平成17年に都立大学、都立科学技術大学などが統合して開校した首都大学東京＝令和2年に東京都立大へ名称変更予定＝の「桜都寮《おうと》」である。

同大のHPに掲載されている紹介文を見てみよう。《首都大学東京では、寮生活を通じて学生同士が切磋琢磨し、個性や独創性を刺激しあいながら人間形成を行うことを目的とした新しい形の「寮」（桜都寮）を設置しています。桜都寮では、寮長や上級生との交流・対話による人間形成やアジアの留学生との交流による異文化交流を目指しています》

隣に誰が住んでいるのか分からないような個室中心でアパート化しつつある現代の大学寮とは趣を異にし、学生が企画する週1回のセミナーの開催やボランティア活動などを通じて、寮生同士の触れ合いを重要視している。「桜都寮」という名前をつけたのも寮生たちだ。

ただ、これが旧制高校の寮の「復活」か、といえばそうではない。

産経新聞モスクワ特派員などを歴任した外交評論家の澤英武（１９２８年生、旧制二高―東大）は開校から4年間、桜都寮の寮長を務めた。初年度の入寮生は42人。旧制高校寮の精神である人間形成を掲げ、熱血指導にあたったが、学生や大学当局との意識は微妙にすれ違ってしまう。「旧制高校の寮は複数の生徒が同じ部屋で生活をし、お互いに隠すところがないほど〝裸の付き合い〟をするところに神髄がある。ところが、今の学生は『個室』でないと入寮しないという。生活時間もバラバラで、一緒に酒を飲むことさえままならない。結局、社会が変わったということでしょう」

当時、学長だった西澤潤一（１９２６年生、二高―東北大）の見方はさらに厳しい。「旧制高校の寮の自治は、自らが考えて行動し、責任も取る。ところが（現代の学生は）、自分たちの考えをしっかり持って共同生活を送るという意識が薄い。つまり『自立』の面で物足りなかったと思いますね」

タネはまかれたか？

東京大学でも一高OBが個人的に旧制高校的な寮の復活を試みたことがある。当初、教養学部長に直談判したが、財政上の問題などで断られ、「ならば自費でやる」とばかりに一軒家を借り切った。だが、ここでもネックになったのは共同生活。保護者は関心を示したものの学生は「個室じゃなきゃイヤだ」と入寮者が集まらず、3カ月は〝開店休業〟状態でがんばったが、そこまでだった。

北海道大学の恵迪《けいてき》寮のように今も昔ながらの名前や伝統を守り、毎年、新しい寮歌を送り出している寮もある。だが、多くの大学などの寮はアパート化し、旧制高校のような〝三権分立〟を柱とする「完全なる自治」によって運営されている寮はまず見当たらない。

「自治」の問題はなかなか厄介だ。〝指示待ち〟〝受け身〟といわれる今どきの若者には「荷が重い」ことに加えて、学校当局にとって戦後、寮の自治をタテに左翼学生や他大学の学生らに寮を占拠され、「治外法権」を許してしまった悪夢がよぎってしまう。

時代が進み、若者たちを取り巻く社会環境も大きく変わった。旧制高校の寮を復活させるような考えはアナクロ（時代錯誤）に映るかもしれない。

それでも、首都大学のような試みはもっとあってもいいのではないか。

幼いころから、モノがあふれた豊かな生活に慣れ、自宅でも個室を与えられ、他人との接触も少ない若者たちがどうなったかは、すでに書いた通りである。大人になる前の時期に、さまざまな人間がいる集団の中で揉まれ、切磋琢磨しながら、自分を高め、社会の中での役割を知る―その経験が、今の若者たちには欠けているのだ。

澤は言う。「（桜都寮の）成果のほどは、まだ何ともいえない。でも、タネだけはまかれたのではないでしょうか」

第3章　ネットワークが結ぶ絆と架け橋

「仲間意識」の光と影――岩波茂雄、菊池寛…

一高ネットワークで飛躍

夏目漱石

「岩波書店」は大正2（1913）年、岩波茂雄によってできた。古本屋からスタートした同社が一躍、名を上げることになったのは、その翌年、夏目漱石の『こゝろ』を出版（形としては漱石の自費出版）することに成功したからである。

当時、漱石はすでに、飛ぶ鳥を落とす勢いの人気作家である。東京朝日新聞の連載小説だった『こゝろ』の出版も〝引く手あまた〟だったが、大手出版社を出し抜いて、創業間もない岩波が出版にこぎ着けた背景には「第一高等学校（旧制、東京）のネットワーク」が関係していた。

漱石は、一高の前身である大学予備門・第一高等中学校から帝国大学（後の東京帝大）英文科に進み、五高教授や一高、東京帝大講師として英文学などを教えている。代表作である『吾輩は猫である』や『三四郎』に当時の教え子や同僚教師をモデルにした人物が多数、登場するのは有名なエピソードだ。

岩波もまた一高―東大である。ただし、一高は中退だから、東大本科（正科生）の入学資格がなく〝聴講生〟のような選科にしか入れなかった。その岩波を漱石に紹介したのは、一高時代の親友で「漱石門下の四天王」のひとり、安倍能成《よししげ》（1883

▼**夏目漱石**（なつめ・そうせき）
小説家。慶応3（1867）年、現在の東京都出身。大学予備門（旧制一高の前身）などを経て帝国大学文科大学英文科卒。

▼**岩波茂雄**（いわなみ・しげお）
岩波書店創業者。明治14（1881）年、長野県出身。旧制一高中退、東京帝国大学哲学科選科修了。

▼**菊池寛**（きくち・かん）
小説家、文芸春秋社創業者。明治21（1888）年、香川県出身。旧制一高中退、京都帝国大学英文科卒。

かつての旧制一高は現在、東京大学教養学部になっている

～1966年、後に一高校長、文相）である。

安倍が書いた『岩波茂雄伝』に岩波を連れて漱石宅を訪問する場面がある。《開店当時のことだったろうが、（岩波が）漱石に店の看板を書いてもらいたいから、私に一緒についてくれとのことで、岩波は初めて漱石山房を訪《と》うた。漱石は即座に快諾して、「岩波書店」と大書きしてくれた》

《『こゝろ』の出版は、岩波が漱石のものを出したいと願った時、外からもうるさく頼んで来るので、漱石も一つ自費で（岩波書店から）出してみようかという気になったのだが、何しろ駆け出しの書店が当時第一の流行作家のものを出したという、世間への信用を獲得、その後「硝子《ガラス》戸の中」「道草」を引き続いて出版…》

岩波書店は、その後も漱石全集などを節目ごとに出版し、業績を上げてゆく。それだけではない。安倍らを編集者とした『哲学叢書《そうしょ》』シリーズや旧制高校生の必読書といわれた『三太郎の日記』（阿部次郎）、『出家とその弟子』（倉田百三）、岩波文庫や総合雑誌「世界」など、旧制高校的な教養主義を支える代表格となった。

辛口のコラムニストとして知られた山本夏彦（1915～2002年）の『私の岩波物語』は、岩波書店のあり方を厳しく批判した本（特に戦後の）だが、『哲学叢書』についてはこうある。

《今とちがって旧制高等学校の生徒には知的虚栄心（それは必ずしも悪いことばかりではない）があって、好んで哲学書を読んだから各巻昭和戦前までに何万と売れた。

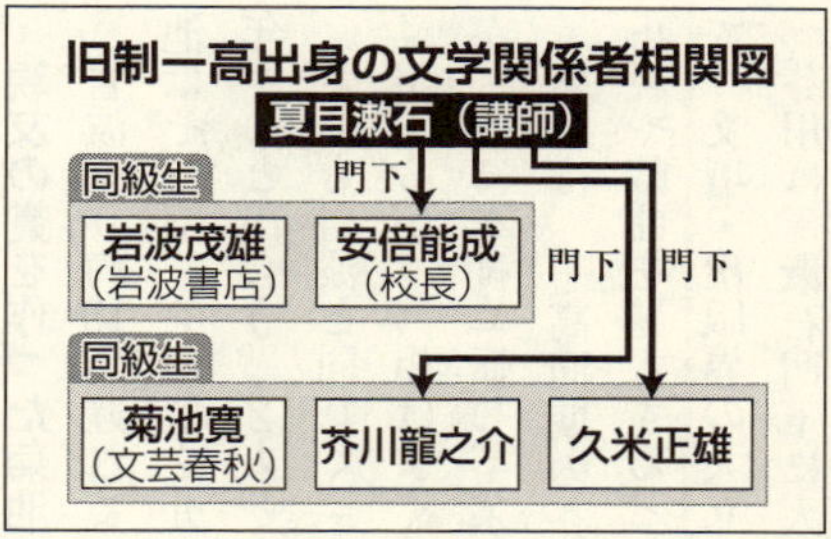

それは難解を極めた》と。中でも一高校長を務めた哲学者、天野貞祐訳のカントの「純粋理性批判」をやり玉に挙げ《分かるのは天野とその生徒だけだった》と皮肉った。

この指摘は本質を突いている。つまり、岩波は旧制高校出身というインナーサークル（内輪）にしか理解できないような本を、インナーサークルの人脈によって作った。岩波もまた輪の中にいたからそれが可能だったのである。

〝岩波の商売〟がそれでも成り立ったのは、戦後のある時期まで輪の外側にいた人たちにもこうした学問や文化に対する「憧れ」や「尊敬」が残っていたからだろう。

親友の賞を作った菊池

岩波より約10年遅れて一高に入ったのが、文芸春秋社の創業者、菊池寛である。菊池はそこで、芥川龍之介（１８９２〜１９２７年）や久米正雄（１８９１〜１９５２年）らと出会う。２人とも無試験で一高に入った秀才だった。

菊池も岩波と同じく「一高中退」である。友人の窃盗の罪をかぶったため、という説があるが、真相はよく分からない。やはり京都帝国大学英文科の「選科」に進んだが、後に本科に転じ卒業している。

菊池は、一高同期の芥川や久米とともに文芸雑誌「新思潮」（第３、４次）に参画。小説や戯曲を発表するとともに、大正12（１９２３）年には自ら文芸春秋社を起こして、文壇・出版界の大立者となってゆく。

芥川は、漱石門下に入り、新思潮に発表した『鼻』（大正５年）が漱石に絶賛される。芥川は昭和２年、35歳のとき、睡眠薬を飲んで自殺してしまうが、その８年後に、親友の名を冠した賞（芥川龍之介賞）を設けたのは菊池であった。

久米には、一高の受験生を主人公にした短編小説『受験生の手記』（大正７年）がある。主人公は一高受験に失敗、翌年に再挑戦するが、やはり不合格となる。現役で合格した弟に、慕っていた女性まで奪われ、失意のあまり自殺してしまう、という救いのないストーリーだ。

久米は巻末の「作者附記《ふき》」で、これが実話をモデルにしたものであり、《幾多の受験生の参考のために…読み物にした》と記しているが、「悲劇性」よりも、むしろ「一高は特別だ」という〝プライド〟の方が目についてしまう。

「同性愛」も友情の証し？

第二章で、紹介した『中村真一郎　青春日記』には中村が一高時代に経験した「同性愛」についての記述がかなりある。

男だけの寄宿寮の生活の中で、同性に恋愛感情を持ち、嫉妬し、ときには唇を重ねるという行為を「異常」とみるか、どうかは見解の分かれるところだろうが〝同性愛の噂〟は中村だけでなく菊池らにもあった。もちろんそれは、個人の性向によるところが大であり、多くの旧制高校生は、そうではなかったであろう。ただ、彼らはそれぐらい「強い仲間意識」を持ち、濃厚な人間関係を築いていたのは間違いない。

繰り返しになるが、旧制高校生は〝帝国大学へのパスポート〟を持つ、同世代の１％以下という少数エリートの卵である。同じ寮の部屋、同じクラス、同窓はもちろん、たとえ学校は違っても、旧制高校出身というだけで連帯感を生んだ。

岩波や菊池の例をひくまでもなく、そのネットワークは仕事の上でも有効だった。彼らのほとんどが各界のリーダーとなったのだから計り知れないメリットがあっただろう。ネットワークは戦後、旧制高校が消滅した後にも引き継がれてゆく。

国民の中には彼らにリーダーとしての役割を期待し、「国を託す気持ち」があったことはすでに書いた通りである。だが、インナーサークルの外にいた人たちの中には、「特権意識が鼻につく」と感じていた人もいなかったわけではない。こうした反発は戦後、旧制高校が廃校に追い込まれたときに噴き出してくるのだが、それは、いずれ稿を改めて書くことにしたい。

日本と台湾を結んだ同窓の誼――李 登輝

校歌の一節をスピーチに

台北高等学校（旧制）の同窓会は、東京と台北にある。平成24年10月、日台双方の卒業生ら約80人が台北に集まり、台北高の創立90周年を祝う記念大会が行われた。日本から出席した元最高裁判事、園部逸夫《いつお》（１９２９年生、台北高・四高―京大）によれば、「みんなで一緒に校歌や寮歌を歌い、大いに盛り上がった」という。

園部と同じテーブルに、台湾の元総統、李登輝がいた。終戦の年（昭和20年）に台北高校へ入学した園部から見れば4期上の先輩に当たる。スピーチに立った李登輝は、20年前の70周年のときと同じように、高等科設置時の校長・三沢糾《ただす》（１８７８～１９４２年）が作詞した第一校歌『獅子山頭に雲みだれ』の４番の歌詞を引用した。

《ああ純真の意気を負ふ　青春の日は暮れやすく　一たび去ってかへらぬを　など君起《た》ちて舞はざるや　いざ手を取りて歌はなむ　生の歓喜を高らかに》

そして、こう呼びかけた。「第一校歌のこの一段を繰り返し、われらの古き関係を新たにしつつ、日台の心と心の絆を築いていきましょう。（中略）そしてさらに母校　台北高の『自由と自治』の素晴らしい伝統を永遠に伝えてゆくことを心から願うものでありま す」

台湾に、近代教育制度を根付かせたのは日本である。公学校（小学校）、中学校、実業学校。そして、台北高、台北帝国大学をつくり、台湾人にも高等教育を受ける機会が開かれた。ただし、それは極めつきの「狭き門」であった。

台北高ＯＢらと校歌を歌う李登輝氏

台北高の定員（高等科）は文科、理科2クラスずつ（1クラスの定員は40人）の計160人。李登輝の記憶によれば、このうち台湾人は、文科のクラスでは4、5人。最も多い理科乙類（医師を目指すコース）でも十数人しかいない。入学試験には台湾中の秀才が集まり、しのぎを削ったのである。

「ボクは11歳のとき、父に小学館の児童百科事典を買ってもらい、それを朝から読んでいるような子供だった。知識が豊富で我《が》が強く、学校の友達では相手にならない。古事記や源氏物語も中学のときに読んでしまっていたから（台北高の）入試の国文・漢文は百点。先生もビックリしたそうだよ」

▼台北高等学校（旧制）

大正11（1922）年、日本統治下の台湾・台北に、外地の高等学校としては初めて設立された。7年制（尋常科4年、高等科3年）で、台湾人生徒は全体の約2割、医学部進学を目指す理科乙類に多かった。終戦にともなって台北高は廃校となり、台北高級中学に改称。校舎は現在、台湾師範大学となっている。主な出身者に、作家の邱永漢、大原一三元農水相、小田滋元国際司法裁判所判事など。外地の旧制高校はほかに旅順高（関東州）があっただけ。

▼李登輝（り・とうき）

大正12（1923）年、日本統治時代の台湾・淡水郡出身。淡水中学（旧制）を経て、41年、台北高等学校（旧制）文科甲類入学。43年、京都帝国大学農学部農業経済科入学。同年、学徒出陣で陸軍入隊。戦後、台湾へ戻り、台湾大学に編入学。その後、台北市長などを経て、88年、総統に就任。2000年まで12年間務め、台湾の民主化を進めた。

台北高１年の李登輝氏（右）淡水中学時代の友人と（1941 年、台北）

厳しく愛情にみちた時間

李登輝にとって、台北高での学生生活は「厳しくとも愛情に満ちた時間」であった。

多くの旧制高校の生徒がそうであったように、猛烈な勢いで古今東西の古典を読破し、先哲との対話によって思索にふけり自分の内面と向き合った。「死」とは何か、「人生」とは、「李登輝」とは…。

中でも、人生において大きな影響を受けた本が３つある。トマス・カーライルの『衣裳《いしょう》哲学』、ゲーテの『ファウスト』、倉田百三の『出家とその弟子』。そしてその先には、新渡戸稲造の『武士道―日本の魂』との出合いがあった。新渡戸に強く惹《ひ》かれた李登輝は、やがて、彼と同じく農業経済学を志すことになる。

「高等学校では他ではできない勉強ができたように思う。自分の内面と向き合い、自分の心を客観的に取り出す。それは、その後のボクの人生の糧になるような『人間を作り上げる』最初の時間だったんだ。先生方も一流ぞろいだったね」

こうした濃厚な時間を共に過ごした台北高の恩師や仲間たちは李登輝にとって特別

な存在だ。平成19年に来日し東京都内で歓迎の会が開かれたときには、東京の同窓会「蕉葉会《しょうよう》」のメンバーが壇上で歌う『獅子山頭に雲みだれ』の輪に突然、李登輝が加わるハプニングがあった。「仲間意識は強いね。会うとたちまち〝昔のまま〟に戻ってしまうんだよ」

90周年の記念大会ではこんなことも語っている。台北高時代には日台のクラスメートの間に民族的な微妙な心理が存在していたものの自由、自治の学風によって、こうした矛盾を超越して学校生活を送ったこと。「あの時に確立した誼《よしみ》はその後も絶えることなく続き、今日の台湾と日本の交流の懸け橋になっております」と。

「リーダー」がいない日本

旧制高校のように人間形成を重視した教育や武士道精神に基づく道徳心…。李登輝は、かつて身をもって体験した「日本の教育」や「日本の精神」を高く評価している。それは今も変わっていないのだろうか。

「東日本大震災の日本人の態度には、世界中の人々が頭を下げました。混乱の中でも秩序を守り、互いに思いやる心を忘れなかった。今の若い人たちの中にもこうした『日本精神』を持っている人たちがいる。ただね、今の日本には『リーダー』がいない。20年近くもデフレが続き、その間に10人以上の首相が代わった。安倍さん（晋三首相）も古い自民党の体質に縛られてしまうとダメですよ」

李登輝は、国のリーダーは2つのことだけを考えていればいい、と思う。『国家』と『国民』のために奮闘することだ。「個」の利益ではなく「公」の利益のために行動し、高い精神性と大局観を持った人物のことである。

「戦争が終わって、アメリカは日本の軍閥を潰し、財閥を潰し、そして学閥を潰した。つまり、旧制高校―帝国大学というリーダーを養成する制度です。リーダーを養成する教育システムは、アメリカにもイギリスにもある。1つ2つでいい。国のリーダー養成を専門に行う学校を作っておくべきだろう」

ただ李登輝は、かつての旧制高校を復活させよ、と主張しているのではない。その精神を生かしながら別な形でリーダーを作り上げる学校を設ける。一般の学校ではやらないようなカリキュラム、たとえば軍事関係を勉強したり訓練を課したり。もちろん幅広い教養やスポーツも身に付けさせる学校だ。

台湾ではいま、日本の旧制高校の教育や精神を見直す機運が出てきている。それは李登輝にとってもうれしいことだ。日本から修学旅行の高校生が来ると、「日本の良さ」や「かつて台湾で日本がやった仕事」について教えることにしている。日本の学校では、ほとんど教えないことだから、高校生たちはビックリするという。

「今の日本の教育は、自虐的で日本の良さを教えていない。歴史は歴史、ありのままでいい。いい悪いではないんだよ」

台湾に息づく日本の教育──潘扶雄と辜寛敏

再建された「六氏先生」碑

『芝《し》山巌《ざんがん》事件』のことは日本人よりも台湾人の方がよく知っている。

日清戦争で台湾の領有権を得た日本は早速、教育制度の整備に取りかかった。明治28（1895）年、台湾総督府学務部長心得に就任した伊沢修二（1851～1917年、「唱歌の父」としても知られている）は近代教育制度を整備するため、台北北郊の丘陵（芝山巌）に学務部を移し、台湾人子弟を対象とした学堂を開く。中島長吉ら6人が渡台し、教師（学務部員）となった。

芝山巖にある再建された「六氏先生」の碑。赤ペンキで汚された痕が見える

だが、統治開始翌年の正月、伊沢が日本

へ一時帰国中に6人の教師が殺されるというショッキングな事件が起きてしまう。事件を悼み総督府は芝山巌に当時の首相、伊藤博文が揮毫《きごう》した「学務官僚遭難の碑」を建て、後には6人の教師（六氏先生）を祭る芝山巌神社を設けた。毎年2月1日の芝山巌祭には、現地の小学生らが参拝に訪れる習わしになっていたという。

だが戦後、大陸から台湾に乗り込んできた国民党政権によって、神社は打ち壊され、碑は倒され赤ペンキで汚された…。ここまではよくある話である。ただ、台湾の人々は、近代教育をもたらした日本人の功績を忘れてはいなかった。長いときを経て学堂の後身にあたる地元小学校の同窓会らの尽力によって、碑は再建され、六氏先生のお墓も整備されたのである。

▼芝山巌事件

日本が台湾統治を開始した年の翌明治29（1896）年正月、台湾総督府学務部員の6人の教師らが土匪《どひ》に襲われ、惨殺された。まだ日本統治への反発が強かった時代のことで犯人は、抗日分子であるとか、金目当ての強盗ともささやかれたが、真相は定かではない。事件は台湾独自の唱歌『弔殉難六氏の歌』や『六氏（士）先生』に歌われている。

ラジオ台湾のキャスター、潘扶雄《はんふゆう》（1933年生、旧制台北二中―台湾師範大学）は、芝山巖祭に行ったり、「六氏先生」の話を母親から聞かされたことをよく覚えている。「私の先祖は六氏先生から最初に教えを受けたひとりでした。先生方は台湾に略奪に来たのではなく教育のために来たのです。『功績をたたえてどこが悪い』という気持ちが台湾人には強かった。碑の再建を申請し、何度却下されても諦めませんでした」

小さな学堂からスタートした日本による台湾の教育は、台北だけを見ても統治2年後には早くも最初の小学校を開設。1931年には小学校・公学校19校、児童数は約2万5千人に達した。上級学校では中学校、高等女学校、実業学校、医学専門学校、師範学校、そして、台北高等学校（1922年設立）、台北帝国大学（同28年）をつくり、台湾人にも高等教育への門戸が開かれたのはすでに書いた通りである。

潘扶雄は言う。「日本のことがタブーだった時代も台湾の人々は、日本がつくった教育制度について『感謝』の気持ちを忘れなかった。それを最初にもたらした『六氏先生』のことは、台湾のインテリなら、まず知らない人はいませんよ」

台北高の歴史示す資料室

旧制台北高の校舎は現在、台湾師範大学となっている。潘扶雄が卒業した学校だ。２００９年６月、師範大の図書館に「台北高等学校資料室」が開設された。日本語版のパンフレットにはこうある。

《台北高等学校の校風であった『自由自治』の精神は、台湾師範大学が定めた学訓『誠正勤樸』に受け継がれ、今も昔も時代の先端を担う学生の精神的支えとして輝きを放ち続けています》

つまり、校舎だけでなく、台北高の精神も引き継いだというわけだ。

資料室には、台北高時代の写真や資料がところ狭しと飾られている。《卒業生の中には、台湾と日本における発展と交流に多大な貢献をした人々が、多数います》として、元総統の李登輝や作家の邱永漢など著名な卒業生の顔写真で壁が埋められ、黒マントに白線帽をかぶった生徒の人形まである。

かつて日本が統治した国や地域で、こんな資料館があるのは、おそらく台湾をおいて他にないだろう。

「自由の鐘」を復元

師範大には1982年に破損するまで、かつて台北高で使われていた「自由の鐘」があった。高等科設置時の台北高校長、三沢糾（1878〜1942年）がアメリカの農場で見つけ持ち帰った大小2つからなる洋風の鐘で、1920年代半ばに設置されている。「カラン、コロン」という心地よい鐘の音は授業の開始、終了時に響き渡り、台北高関係者だけでなく、周囲の住民たちにも長く親しまれてきた。

平成24年秋、台北高の90周年を祝う記念大会に合わせて、「自由の鐘」を復元することが明らかにされた。OBらが資金を集め、富山県の鋳造会社に発注し、25年4月の開校記念日にお披露目された。その中心となっていたのが、台北高同窓会会長を務めた辜《こ》寛敏《かんびん》（1926年生）だ。台湾を代表する実業家のひとりで、〝華麗なる一族〟としても知られている。

父親の辜《こ》顕栄《けんえい》（1866〜1937年）は実業家、政治家で、日本統治時代、台湾人唯一の貴族院議員。異母兄の辜《こ》振甫《しんぽ》（1917〜2005年）は実業界で活躍、政府の重要なポストにも就いた。長男のリチャード・クー（1954年生）は著名なエコノミストである。辜寛敏自身は日本で長く、台湾の独立運動にかかわった。

辜寛敏は、昭和19（1944）年、旧制台北三中から台北高に入っている。「戦争

旧制高校の教育について語る台北高同窓会会長の辜寛敏氏（台北市内）

の時代でしたが、台北高の校風は、本当に自由でおおらか。中学時代が厳しかったから、『こんなに自由でいいのか』とびっくりしたぐらい。街の人たちもとてもよくしてくれた。（台北高の）帽子をかぶっているだけで信用が違う。兄貴が高等学校に通っている女学生たちにとっては自慢のタネでしたね」

２年に進級するとき、辜寛敏は図らずも、寮に入ることになった。授業の態度などが悪いとして「落第」と判定されたところを、万葉学者である教授の犬養孝（１９０７～９８年）が「態度が悪いだけなら寮で人格を磨けばいい」として、入寮を条件に進級を認める〝助け舟〟を出したからである。

「悔しくて入寮を断ったボクに犬養先生は珍しく怒ってこう諭してくれた。『2年で軍隊に行くと見習士官になれるが、1年のままなら兵隊だ。軍隊でそれがどんな意味を持つのか分かるだろう』ってね。でも寮に入ってよかったですよ。やはり高等学校の本当の雰囲気は、寮に入らないと分からない。寮歌もよく歌いました」

ただ、台北高が廃校になってからすでに70年近い。

かつての台北高の校舎は現在台湾師範大学になっている（台北市内）

日本と同じく、台湾の若い世代にとっても旧制高校の存在はほとんどなじみがない。なぜいま、旧制高校の教育などが見直されようとしているのだろうか。

辜寛敏はこう思う。「戦後、日本の教育は『平等』を柱とするアメリカの制度をそのまま取り入れてしまったが、社会の期待に応えるためには平等だけではダメ。国を動かすエリートを養成せねばならないが、今のリーダーは〝粒が小さく〟感じられて仕方がない。『自発的な勉強』も高校で学んだが、今は試験に受かるための勉強ばかり。教育は『技術』ではなく、『人間教育』が大切。日本も台湾も課題は同じですよ」

受け継がれた「夢と情熱」――東亜同文書院の学生たち

「外地組」学生の受け皿に

平成24年秋、名古屋市の愛知大学で開催された「アジアに羽ばたく記念寮歌祭」（同大同窓会主催）に同大草創期の出身者や関係者が勢ぞろいした。

同大の前身に近い東亜同文書院大学（上海）をはじめ、満州（現・中国東北部）にあった建国大学、日本統治時代の朝鮮（同韓国）の京城帝国大学、台湾の台北帝国大学、旧制台北高校などから戦後、愛知大学へ移った人たち。白線帽をかぶり、出身校名や校章を染め抜いた法被を身にまとった、かつての紅顔の美少年も今や80代から90代である。

建国大出身で、昭和22（1947）年に愛知大に移った佐藤達也（1926年生）はひとりで建国大予科の寮歌『逍遥歌　歓喜の丘に』を歌った。「当時、建国大から愛知大に移った11人のうち、残っているのはボクを含めて3人だけ、もうみんな85歳

以上ですよ」

元最高裁判事の園部逸夫（１９２９年生）は台北帝大教授だった父・敏《さとし》が引き揚げ後に愛知大の教授に就任した関係で当時の雰囲気を知っている。自身は旧制台北高から四高（金沢）に移った。「たまたま四高の校長先生が京城帝大から来られた方で、外地からの引き揚げ組に理解があったので助かりました。まったく受け入れない高校もありましたからね」

愛知大は、こうした外地からの引き揚げ組の〝受け皿〟となるべく設立された。日本でも類を見ないユニークな成り立ちの学校なのである。

命懸けで守り抜いた学籍簿

昭和21（１９４６）年2月、東亜同文書院大学の最後の学長となった本間喜一《きいち》（１８９１～１９８７年）は「自分の命に代えても」と強い決意で守り抜いた学籍簿と成績表とともに日本に引き揚げてきた。

この2つの書類は学生の国内各大学への転入を可能にしたが、時間の経過とともに転入は困難を増してゆく。外地組の〝受け皿〟となる新大学の必要性を痛感した本間らは、愛知県豊橋市の陸軍予備士官学校跡地に「愛知大学」を開校させることを決意したのである。

〝最後の旧制大学〟（学部3年制、予科3年制）となった愛知大は翌22年4月から授業を開始した。教授陣は東亜同文書院大や京城帝大、台北帝大などから。約400人の学生は約4割を東亜同文書院大（予科を含む）出身者が占めたが、総校数は約80校に及ぶ。

▼**東亜同文書院**（写真は、愛知大学東亜同文書院記念センター蔵）

明治34（1901）年、東亜同文会（近衛篤麿会長）によって上海に設立された日本人のための高等教育機関。1期生は、1府16県から選抜された県費留学生51人と私費留学生4人の計55人。昭和14（1939）年、大学令によって専門学校から「東亜同文書院大学」へ昇格、予科（2年）、学部（3年）を開設した。終戦にともない閉校になるまで、日中間の政治、経済などに携わる人材を数多く送り出す。戦後、教職員・学生の多くは、愛知大学（昭和21年設立）へ移った。主な出身者は、元外相の武藤嘉文、芥川賞作家の大城立裕《おおしろたつひろ》、元丸紅社長の春名和雄の各氏ら。

愛知大で開催された「アジアに羽ばたく記念寮歌祭」(平成24年11月、名古屋市内)

元ルーマニア大使の小崎昌業《おざきまさなり》（1922年生）は東亜同文書院大から愛知大の3年に編入した1期生だ。「（東亜同文書院大の）同期生は東大や京大、東京商大（現一橋大）に移りましたが、ボクは引き揚げが遅かったので、どこも受け入れてくれない。困っていたときに（東亜同文書院大の）先生が『大学を作るからこっちに来い』と誘ってくれたのです」

こうした経緯で集まった学生たちは〝ツワモノ〟ぞろい。ボロボロの元兵舎を利用した寮で共同生活を始めたものの、最初はまとまりを欠いていたらしい。そこで初代寮委員長に就任した小崎は一計を案じた。「みんなを強引に集めて寮歌祭を開催したのです。豊橋の市民の方々にも参加してもらいました。この寮歌祭で一気に団結力が強まった気がしましたね」

東亜同文書院大の寮歌は20曲近い。アジアに羽ばたく勇壮な若者の姿を歌った明治40（1907）年制定の『院歌』をはじめ、書院伝統の大調査旅行の門出に当たり、士気を鼓舞するために歌われた『馬賊の歌』『長江の水』などは、いまなお歌い継がれている。新天地に活躍の場を求めて海を渡っていった、当時の学生たちの夢や熱気が伝わってくるような歌ばかりだ。

足で稼いだ「大旅行」報告

東亜同文書院（大学）とはどんな学校だったのか？

中国語の習得とともに、教育の大きな柱となっていたのが先に挙げた「大調査旅行」の制度である。卒業時に学生たちがテーマを決めて数人のグループをつくり、数カ月をかけ中国大陸を徒歩で旅行する制度。そこで得た調査、研究資料をまとめて報告書をつくり、それが「卒業論文」となる仕組みだ。

コースは延べ700に及び、訪問先では知事、市長らの要人と面会し、危険な地域では歩兵による護衛もついた。報告書は『支那省別全誌』『支那経済全書』として学術的に高い評価を得たという。そしてときにそれは日本の国益のために生かされる貴重な情報にもなった。

愛知大名誉教授の藤田佳久（1940年生）は、著書『日中に懸ける　東亜同文書院の群像』（中日新聞社）で、日英同盟時代のイギリスから日本の外務省を通じて学院生に「西域へのロシアの浸透状況」についての調査依頼があったエピソードを書いている。

《当時の西域は日本人にとって未知の世界。漢民族にとっても時に自分たちを襲ってくる遊牧の異民族だ。そこは玉などの宝石類、毛皮やブドウなどが豊富な憧れの地でありながら、簡単に足を踏み入れることはできない所であった》

同書によれば、5人の学生は日露戦争下の明治38（1905）年に北京を出発。新《しん》疆《きょう》、外モンゴルなどの地域を丸2年かけて調査している。言語、経済、農業、道路の状況などに対する詳細なリポートは、日本人による初めての本格的な西域調査報告書になった。

こうした学生の大旅行を先々でサポートしたのが、学院出身のOBたちである。小崎はこう話す。「上級生、下級生がとても親密な学校でした。メシも食べさせるし酒も飲ませてくれる。下級生は上級生の〝メシつぎ〟をしたり掃除をやる。『大旅行』のときも先輩がボクたちを喜んで泊めてくれました」

一方、東亜同文書院大学専門部を出た幅舘《はばだて》卓哉（1924年生）は『上海時間旅行蘇る〝オールド上海〟の記憶』（山川出版社）の中でこう語っている。《学生は日本人ばかりでなく、中国人や朝鮮人、モンゴル人、白系ロシア人など様々な人種がいました。戦後になって、東亜同文書院のことを中国大陸侵略の橋頭堡《きょうとうほ》のようにいう人もいるようですが、それは違います。自分たちは中国人だけでなく他の民族とも真の友好関係を築くんだという気概に溢《あふ》れていました》と。

小崎によれば戦前、東亜同文書院から毎年、多くの人材が主に中国の専門家として外務省に入ったという。中国を知り尽くし、語学にも堪能な人たちはさぞかし有能であったろう。

愛知大が発足するとき、GHQの意向によって「東亜同文書院大学」の名称を名乗ることはかなわなかったという。だが、平成5年、愛知大に「東亜同文書院大学センター」が設置され、学籍簿や成績表、大旅行の調査報告書などが保存されている。学生たちが足で稼いだ貴重な記録、「日中友好の促進」を掲げた建学の精神はこれからも受け継がれてゆくことだろう。

台湾に尽くした四高3代の技師
――八田與一と2人の後輩

八田與一の墓前に捧げた寮歌

八田與一《はったよいち》のことは今や、日本でも台湾でも、よく知られている。大正期、日本統治時代の台湾で「東洋一のダムと水路」をつくり、不毛の大地を大穀倉地帯に変えた功労者だ。

八田と妻の外代樹（とよき）。夫妻の最後の写真（昭和17年4月8日）「金沢ふるさと偉人館蔵」

明治19（1886）年、現在の金沢市の生まれ。石川県立（金沢）第一中学（旧制、現・県立金沢泉丘高校）―第四高等学校（同）という〝地元のエリートコース〟を経て、東京帝国大学に進学。卒業後は台湾へ渡り総督府土木部の技手となった。

故郷・金沢にある「金沢ふるさと偉人館」

では『善の研究』で知られる哲学者の西田幾多郎《きたろう》やタカジアスターゼを製薬化した科学者の高峰譲吉などと並び「近代日本を支えた20人たち」のひとりに列せられている。台湾では日本以上に名高い存在だ。その名は台湾の歴史教科書に掲載され、毎年5月、台湾で行われる墓前祭には、日台の関係者が参列し、台湾の総統までやってくる。日本からは八田の母校・四高のOBらが駆けつけ、墓前で、寮歌『南下軍の歌』や

▼**第四高等学校**（旧制）

明治20（1887）年、金沢に設立された（当時は高等中学校）。略称は「四高《しこう》」。開校にあたっては、旧藩主の前田家が大金を寄付したという。校風は「超然主義」。主な寮歌は『南下軍の歌』『北の都』など。主な出身者に、哲学者の西田幾多郎、作家の井上靖、読売新聞社主を務めた正力松太郎などがいる。

▼**八田與一**（はった・よいち）

明治19（1886）年、石川県出身。旧制第四高等学校（二部工科）から、東京帝国大学工科大学卒。同43年、台湾総督府の技手となり〝不毛の地〟と呼ばれた台湾南部嘉南《かなん》平野に、烏山頭ダムをはじめとする大規模灌漑《かんがい》施設「嘉南大圳」を設計・建造。同地の耕地化、穀物の増産化に大きく貢献した。昭和17（1942）年、軍の指令でフィリピンに向かう途中、乗船していた「大洋丸」が米軍潜水艦に撃沈され死去、享年56。

中川耕二氏

『北の都』を高唱するのが長く習わしになっていた。

平成21（2009）年に行われた墓前祭の様子が四高の同窓会報『北辰《ほくしん》』に書かれている。

《全郷村あげての歓迎。（略）バナナ、スイカ、マンゴーなどでもてなしてくれる。このような農産物が収穫できるのも八田技師による嘉南大圳《かなんたいしゅう》のお陰《かげ》とわれわれに告げて、彼を神様のごとく敬愛している》《参列は（日台合わせ）400人ぐらい。馬英九総統も主祭として出席された。（略）八田技師の後輩、われわれ6人は、式次第にはなかったが最後に寮歌『北の都』を捧《ささげ》ようと墓前で唱《うた》った。何か心がスーと晴れるような思いがした》

平成7年から毎年、墓前祭に参列していた中川耕二（1930年生、四高―金沢大）によれば、「（四高のOBらが）地元の人たちが今も毎年、墓前祭を執り行っていると聞き、最初は信じられなかったというが、実際に訪ねてみると、本当だった。平成24年は（参列者は）700人ぐらいになりました」

中川は八田の四高の後輩であり、同じく技術者である。定年後に〝八田の仕事〟を調べ始めたきっかけは、八田が手掛けた烏《う》山頭《ざんとう》ダムだった。

「私もかつてダムの仕事を手掛けたことがあり、烏山頭ダムで採用した『セミ・ハイドロリック・フィル工法』について聞かれたことがあったのですが、私は知らなかった。しゃくだから調べ始めたのです。調べていくうちに、八田さんが人間としても、技術者としても凄《すご》いことが分かりました」

八田の仕事を調べてゆくうちに中川は、八田と同郷・同窓で台湾総督府の技手となった「2人の後輩」を知ることになる。

知られなかった2人の後輩

平成23（2011）年、台湾の元台北駐日経済文化代表処代表・許世楷（1934年生）から関係者を通じて〝人捜し〟の依頼があった。日本統治時代の昭和7（1932）年に台湾・台中につくられた「白冷圳《はくれいしゅう》」という農業用水路の通水80年記念を翌年に控えて、「設計した日本人技師の関係者を捜している」というのである。

日本人の名は、磯田謙雄《のりお》。白冷圳《しゅう》がどれほど貢献したか。許世楷夫人の盧千恵（1936年生）が同年10月21日付「産経エクスプレス」に書いたコラムの一部を引いてみたい。

《1927（昭和2）年、当時の日本帝国議会で145万円（今の55億円相当）の予

八田・磯田・宮地の略歴

	八田與一	磯田謙雄	宮地末彦
生年	明治19年	明治25年	明治39年
四高卒	明治40年	大正 3年	昭和 3年
東京帝大卒	明治43年	大正 7年	昭和 6年
台湾総督府赴任	明治43年	大正 7年	昭和 6年
没年	昭和17年（56歳）	昭和49年（82歳）	平成 3年（84歳）

※中川耕二氏調べ

算が通り、翌年工事が開始されました。22のトンネルと14の水路橋、さらに、大甲渓中流の白冷台地と新社台地の高低差（22・6メートル）を利用して、水を移動させる3つの逆サイホン装置も作りました。（略）1999年の大震災で、山に変動が起こるまで、68年間絶え間なく、灌漑と生活用水を送りこんできたと、台中の農田水利局の幹部は誇らしげに、自分の身内のことを話すように、日本の国会議員に話していました》

磯田は、八田とまったく同じコース（一中―四高―東大）をたどり、「8年遅れ」で台湾へ来ている（前頁参照）。昭和17年に八田が不慮の死を遂げたときに磯田が寄せた追悼文に「八田との出会い」が綴られている。

《台湾の土を踏んだ―大正七年八月―私は知己も少なく、様子は分からず、宿の事等困って居ると「丁度《ちょうど》今は家内が内地に行って僕一人だから…」と云《い》って下さったのが八田さん。これをきっかけに私は御宅《おたく》の離れに御厄介になる事になった》（昭和17年9月、台湾水利協会発行『台湾の水利』）

磯田は八田に公私ともにかわいがられた。八田が指揮した嘉南大圳の現地調査に同行するなどサポート役を務める一方で、白冷圳のような仕事を独自にやり遂げている。

もうひとりの〝知られざる後輩〟は、やはり八田、磯田と同郷・同窓で、磯田の13年後（昭和6年）に台湾に赴任した宮地《みやじ》末彦《すえひこ》である。

宮地は17年5月8日、八田が遭難したとき部下として同行していた。八田は亡くなったが、宮地は撃沈された「大洋丸」から着衣のまま懸命に泳いで救命ボートに引き上げられ、九死に一生を得ている。後に記された「遭難の記」には、その様子が生々しく綴られており、「八田さん(ら)とは遂《つい》に再び会う事が出来なかった」と短く書き残しているのが印象的だ。

磯田謙雄氏

宮地末彦氏

功績は台湾人が知っている

磯田も宮地も、八田に仕込まれて、台湾の近代化に貢献する仕事をやった。志を受け継いだというべきかもしれない。宮地は八田から「ダムは50年の命だ。次のことを考えろ」と指示され、新たなダムの計画を練っていたという。日本では「2人の後輩」のことは、ほとんど知られていない。中川は、「3人一緒に功績をたたえるべきではないか」と話す。ただそれは、恩恵を受けた台湾の人たちが一番よく知っているのではないか。盧のコラムはこう書いている。

《大地震で（磯田が設計した）逆サイホンが使えなくなりました。そのときになって、3万人の住民は、当たり前のように使っていた白冷圳から流れてくる水が、どれほど、自分たちの生活をうるおしていたかを再認識したのです。（略）大震災の後、毎年、通水が始まった10月14日には記念会が持たれるようになりました。朝早く村人たちは大人も子供も、夜のお誕生会の前祝いに白冷圳の清掃をしました》と。

第4章　スポーツで磨かれたリーダーシップ

「知性」と「野性」を兼備せよ――永野重雄、奥島孝康

三高野球部の「挑戦状」

「四月上旬を期し、東京に於《お》いて一戦仕《つかまつ》るべく候《そうろう》」。京都の三高（旧制）野球部から東京の一高（同）野球部に、「挑戦状」が届いたのは明治39（1906）年のことである。

当時、早稲田や慶応と並ぶ強豪であった一高に対して、三高はまだ新興チーム。「無視すべし」との意見も出た中で、「挑戦を受けぬのは卑怯である」という一高野球部主将の一言で伝統の野球戦はスタートした。以来、昭和23年に最終戦を迎えるまで対戦成績は、18勝18敗1分けとまさに五分（最終戦は三高の勝利）。最盛期には3万人の観客を集め、両校の生徒だけでなく、両都の市民を熱狂の渦に巻き込むことになる。

野球、ボート、陸上、ラグビー、テニス…。近代スポーツは明治期、大学予備門

（後の一高）のイギリス人英語教師だったストレンジ（1853〜89年）など、〝お雇い外国人〟によって日本に持ち込まれた。プレーヤーとなったのは、旧制高校（前身を含む）や早、慶などの学生たちである。

やがて、一高―三高、九州の五高（熊本）―七高（鹿児島）、瀬戸内海を挟んだ、

▼ボーイスカウト

1907年、イギリスの軍人、ベーデン・パウエルによって始められ、平成25年現在、世界で約3000万人が活動、キャンプなど野外活動を通じて「よき市民」となることを目指す。日本のボーイスカウト（当時の名称は少年団日本連盟）の初代総裁、後藤新平は「絶対に他人の世話になるな。しかし他人の世話はせよ。世話をしても絶対に謝礼は受け取るな」との言葉を残した。

▼奥島孝康（おくしま・たかやす）

昭和14（1939）年、愛媛県出身。早稲田大学法学部卒。法学博士。平成6〜14年、早稲田大学総長。高野連会長、ボーイスカウト日本連盟理事長など歴任。著書に『「痛い目」に遭いながら人生を学べ』（光文社）。

▼永野重雄（ながの・しげお）

明治33（1900）年、島根県出身。旧制六高から東京帝大法学部卒。富士製鉄社長、新日鉄会長、日商会頭を歴任。

山口高—松山高など、各校ごとの対抗戦や、全国の学校が集まるインターハイなどの大会が開催されるようになり、スポーツ熱は高まってゆく。応援席では母校の寮歌が響き、多くの応援歌や部歌が生まれた。「寮歌」第1号とされているのも明治23（1890）年、一高の初代寮委員長、赤沼金三郎が作詞した端艇（ボート）部歌の『花は桜木』である。

戦後、長く日本商工会議所会頭を務めた財界の大物、永野重雄は、岡山の六高時代、柔道部で鳴らした。その練習のスパルタぶりを『わが財界人生』でこう書いている。《首を絞められても落ちない（※気絶しない）稽古など、その良い例だろう。仲間をうしろ向きにして、首に柔道着の帯をかけ、そのまま背負って歩くんだ。首吊りと同じ状態だな。このまま道場を一周する。（略）ちょっとでも首の力をゆるめれば、あの世行きだ》（※は筆者注）

今もし、こんな練習をやらせたら〝新聞ダネ〟だろうが、同書の中で永野は53歳のとき、オーストリアでの模範試合で2メートル近い巨漢を寝技で抑え込んだエピソードを披露、「六高時代の練習がものをいった」と打ち明けている。八幡、富士製鉄の合併による新日鉄誕生（昭和45年）の立役者で、政界にもニラミを利かすスケールの大きな財界人であった永野の気骨はこの猛練習が培ったのだろう。

旧制高校生らのスポーツ熱は、ときにハメを外した〝蛮カラ〟ぶりや精神性を重視し過ぎる一面も持っていたが、身体の鍛錬はもちろん、タフさ、剛毅《ごうき》さといった「野性」味を磨く。彼らは〝青白きインテリ〟ではなかったのである。

スポーツによる人格形成

『トム・ブラウンの学校生活』は、19世紀の英パブリックスクール（ラグビー校）を舞台にした作品である。入学が決まり、ひとり駅馬車に乗って学校の寄宿寮に向かう主人公の少年を見送りながら、父親はこう思うのだ。

《息子が勇敢で、役に立つ、嘘をいわぬ英国人になり、紳士になり、キリスト教徒になってくれれば外《ほか》に何もいうところはない》と。

パブリックスクールは旧制高校と同じく、エリートを養成する学校だ。卒業生の多くは名門のオックスフォード、ケンブリッジの両大学などに進み、イギリスの政、官、財、学界のリーダーとなる。そのパブリックスクールにおいて、「スポーツ」は父親が望んだような人格形成の重要な教育手段として、位置づけられていた。

早稲田大学の総長を務めた奥島孝康はこうした「パブリックスクール式の教育」を早稲田の付属校などで実践しようと考えたことがある。〝内向き〟で目先の利益ばかりを追いたがる若者の姿や、個々人が国や社会のために行動する公共心が失われつつある日本の社会に強い危機感を抱いていたからだ。

「民主主義という制度では『ルール』を守ることや『公共心』を育むことが大事だが、ヨーロッパではスポーツによってルールの大切さをたたき込む。リーダーシップやチームプレー、フェアプレーの精神も学ぶことができます」

奥島が目指したのは勉強もスポーツもみっちりやり、「知性」と「野性」を兼ね備えた若者を育てる学校だ。ところが、どうしても文科省の学習指導要領と合わない。

大正時代の一高—三高の野球戦

全寮制も検討したが、指導に当たる人材の確保に限界を感じてしまう。

「イギリスでは〝オックス・ブリッジ〟をトップで出たようなエリートがパブリックスクールのハウスマスター（寮長）になりたがる。全生活を生徒たちにささげようというエリートがたくさんいるのです。残念ながら日本のエリートの中には、なかなか見当たらない」

子供は「痛い目」に遭わせよ

奥島は少年時代、故郷の愛媛県でボーイスカウト活動に熱中した。休みになると、テントを担いで山や川へ出かけ、キャンプ生活に明け暮れた。ネットやゲーム漬けになっている現代の子供たちはこうした野外活動はもちろん、放課後、近くの原っぱに行って友だちと「外遊び」をすることすらしない。

ボーイスカウトというのはもともと、〝ガキ大将〟を中心とした少年たちの小集団という発想から始まっている。集団の中で揉まれ、ケンカをしながら子供同士のルールやリーダーシップを知る。お互いに助け合うことの大切さを知り、公共心や奉仕の精神を身に付けてゆく。大自然の中で冒険を楽しみ、生き抜く力や技術を育む。

奥島はいう。「今の子供たちは豊かな社会の中で甘やかされて育ち、（心身ともに）『痛い目』に遭ったことが少ない。だから他人の気持ちも分からない。失敗し、大泣きし、大喜びする…そんな振幅の幅が大きいほど人間は育つのです。キャンプ生活は不便だし、時には痛い目にも遭う。そんなときに仲間との協調がどれだけ大切か。自分が〝社会に生かされている〟ことが分かるでしょう」

知性と野性のバランス。そして、個人の利益ではなく、全体（国や社会）のために、その身をなげうつ覚悟を持っているのが真のエリート、リーダーであろう。奥島は「無私で、決してブレず、人の話をよく聞き、最後は責任を取るのが真のリーダーだ」という。多くの国が、それを養成するシステムを持っているが、旧制高校が姿を消した戦後の日本にはない。

ボーイスカウト日本連盟のトップに就任した奥島はスカウト活動が、特に野性の部分を担い、「真のエリート」を養成する役割を果たしたい、と願うようになった。ただ、知性にも野性にも欠ける若者が多い今、その仕事は容易ではない。だれがどうやってそれを担うのか? 答えはなかなか見つからない。

猛練習で鍛えた「寝技の柔道」——正力松太郎、井上靖…

語り継がれる「南下軍」

第四高等学校（金沢）には、俊英がそろった〝当たり年〟がある。

明治20（1887）年の開校時には、哲学者の西田幾多郎（1870〜1945年）、仏教学者の鈴木大拙《だいせつ》（1870〜1966年）、天文学者の木村栄《ひさし》（1870〜1943年）らが在籍。西田は四高（当時は高等中学校）を中退後、帝国大学（後の東京帝大）文科大学哲学科の選科に入り、明治32年、講師（後に教授）として母校・四高に戻っている。

その西田に教わったのが、四高最高の当たり年とも言える「明治40年卒業組」だ。

この代には、第3章で取り上げた台湾の大規模灌漑施設・嘉南大圳の設計・建造者、八田與一《はったよいち》（1886〜1942年）▽読売新聞社主を務めた正力松太郎（1885〜1969年）▽元巨人軍球団社長の品川主計《かずえ》（1887〜1986年）▽吉田茂内閣

四高出身者の相関図

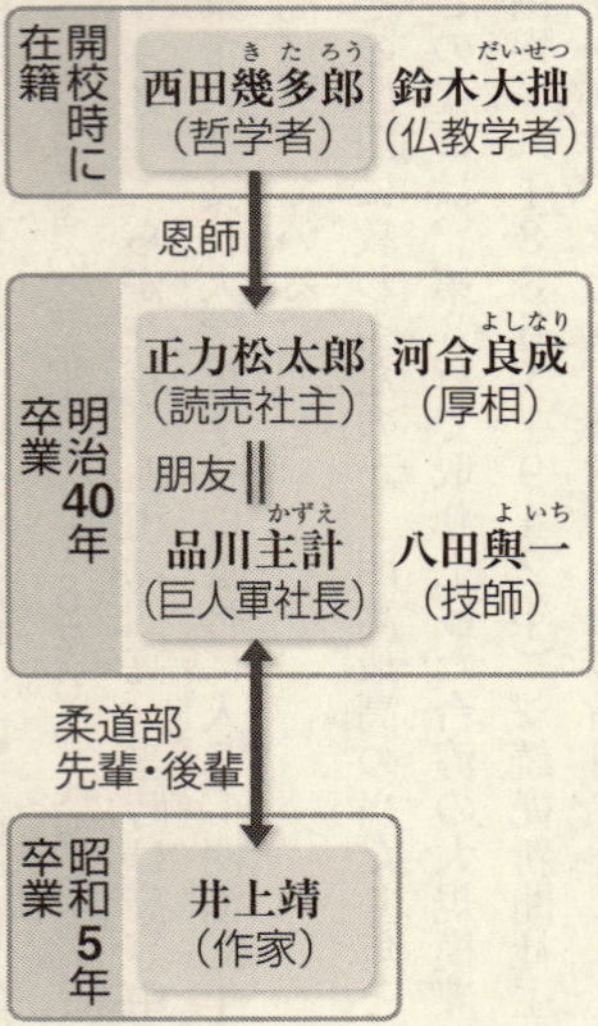

の厚相、小松製作所（現コマツ）の社長・会長を務めた河合良成《よしなり》（１８８６～１９７０年）がいる。

さらには、放射化学の父と呼ばれる飯盛里安《さとやす》、内務官僚から戦前のプロ野球組織「日本野球連盟」会長を務めた森岡二朗（八田らを含め、いずれも四高—東大）など、まさに多士済々の顔ぶれではないか。

明治40年組のハイライトとして語り継がれるのが、柔道、剣道、野球、テニスによる三高、六高との試合のために、京都に遠征した『南下《なんか》軍《ぐん》』である。正力、品川、河合らがその中心メンバーであった。

コトの起こりは四高側が三高らに〝挑戦状〟をたたきつけ、かつての対抗戦の復活を提案したことにある。四高は応援歌「南下軍の歌」をつくって選手・応援団２００人が勇躍、京都に乗り込んだが、野球、テニス、剣道と立て続けに敗退。絶体絶命のピンチに追い込まれた柔道で、正力が超人的な活躍を見せる。実力上位の三高の大将を絞め落とし、翌日、六高の大将戦でも引き分けに持ち込み、劇的な優勝を勝ち取るのだ。

『四高八十年史』（四高同窓会、昭和42年刊）に正力が書いた一文を引いてみたい。

《金沢へ帰ったときは、もう、たいへんな歓迎ぶりで金沢市内はわきにわいた。全校

▼**高専柔道**
旧制高校や旧制専門学校などで行われた「寝技」中心の柔道。通常、15人ずつの勝ち抜き戦で行い、「優勢勝ち」がないなど、現在オリンピックなどで実施されているいわゆる講道館柔道とはルールやスタイルが異なる。大正3（1914）年に京都で第1回『高専柔道大会』が行われ、四高、六高、七高が参加した。同大会は昭和15年を最後に中止されたが、その流れをくむ「七帝柔道」が、旧帝大の競技会である「七大戦」で行われている。

▼**井上靖**（いのうえ・やすし）
作家。明治40（1907）年、北海道生まれ、静岡県で育つ。沼津中学（旧制）から、昭和2（1927）年、第四高等学校（同）入学。柔道に打ち込む。九大を経て、京大文学部卒業後は毎日新聞に入社。在職中の昭和25（1950）年、『闘牛』で芥川賞を受賞。主な作品に『氷壁』『風林火山』『敦煌』など。

南下軍の旗

あげて、中学生までも金沢駅に迎えにくる。花火は打ちあげられる…この時の感激と愉快は数十年後の今でもぼくの胸に強く刻まれている》。河合によれば、《これ以来四高は柔道が強くなった》（同書）という。

四高柔道の黄金時代

大正時代に入ると、四高柔道部は黄金時代を迎える。東京高師付属中学出身の駒井重次《じゅうじ》（1895～1973年、四高―東大、後に衆院議員）をエースに、大正3（1914）年から始まった高専柔道大会で破竹の7連覇を達成するのだ。

〝神様〟とも呼ばれた駒井は、四高の代表的寮歌のひとつ『北の都』の作詞者である。現在は、石川四高記念館となっている旧四高本館の前庭には、〝柔道校長〟とたたえられた7連覇当時の校長、溝渕進馬《みぞぶちしんま》の銅像と並んで、四高の校章（北辰）を形取った『北の都』の歌碑が置かれている。いかに彼らや、この寮歌が愛されていたかが分かるだろう。

作家の井上靖も「四高の柔道」に魅せられて、静岡から金沢までやってきた。そのあたりのいきさつは、自伝的小説『北の海』に詳しい。主人公の「洪作」は、旧制中学の入試に失敗し、旧制高校の入試でも四修時と卒業時の2度とも静岡高校に落ちてしまう。そして、浪人中に知り合った四高柔道部員に誘われて金沢に向かい、〝浪人生〟の身分のまま、四高柔道部の練習に参加するのだ。

『北の海』の中に、「洪作」に四高柔道部の先輩が「寝技」について語って聞かせるくだりがある。《(先輩) 寝技の強い奴は必ず弱い奴に勝つんだ。立技《たちわざ》のように、弱い奴が強い奴に勝つ僥倖《ぎょうこう》はない》《(同) 練習量がすべてを決定する柔道、それが寝技なんだ》。当時の旧制高校柔道の〝寝技信仰〟がよく分かるではないか。

旧四高本館前庭にある寮歌「北の都」の歌碑(金沢市の四高記念館)

講道館柔道との対立

寝技中心の高専柔道(旧制高校ら)と嘉納治五郎《かのうじごろう》(1860〜1938年、旧制五高校長、IOC委員

道場「無声堂」で稽古する四高柔道部（明治 42 年）

などを歴任）が創設した講道館柔道とは一時、激しくしのぎを削ることになる。

父子2代の柔道家で、東大柔道部の主将を務めた是松《これまつ》恭治（1934年生）によれば、「『行き過ぎた寝技中心』を批判された嘉納先生のお宅に（高専柔道を信奉する旧制高校生らが）押しかけ、『寝技こそが柔道の粋』だ、と主張した生徒もいたらしい。両者の対立はやがて、中学生（旧制）らも巻き込んでいくことになります」

戦後になると、完全に講道館柔道が主流となり、高専柔道は寂れてゆくのだが〝対立の残滓《ざんし》〟がその後の日本柔道に影を落としたという指摘もある。

柔道がオリンピック種目に初めて採用された前回の東京五輪（1964年）。日本が最も重視した無差別級で、日本代表の神永昭夫はオランダの巨人・ヘーシンクにけさ固めで抑え込まれ、敗れてしまう。外国人選手の寝技に、なすすべもなかった光景は日本中に衝撃を与えた。

是松は当時、神永と同じ会社の同じ部署にいた。「（寝技、立技のどちらにせよ）極端に走りすぎるのは『危ない』と思っていました。もちろん、神永はひざを痛めていたし、ヘーシンクも全盛期だったから、寝技でなくとも勝つのは難しかったのかもしれませんがね」

正力や駒井、井上らが青春をかけ、猛練習を積んで数々の名勝負を繰り広げた「寝技中心」の高専柔道。現在は、スポットライトが当てられることはほとんどない。ところが、意外にもその寝技や絞め技は、海を渡り、ブラジリアン柔術（グレイシー柔術）など、世界の格闘技にもさまざまな影響を与えている、というから愉快ではないか。

わずか50センチで逃したオリンピック――半藤一利、荒川鐵太郎

ボートは「学校のスポーツ」

東京五輪（1964年）やモントリオール五輪（1976年）でボート・日本代表チームのコーチを務めた荒川鐵太郎《てつたろう》（1931年生、旧制一高―東大）によれば、一高（東京）におけるボート競技は「学校のスポーツ」であったという。

それは前身の東大予備門時代に始まり、一高から、後身の東大教養学部に至る〝現在〟まで続いているといっていい。

一高では、文科、理科にそれぞれ端艇《たんてい》（ボート）部があり、最盛期の文科・理科の「対科レース」は、チャン（1軍）、セコ（2軍）、サード（3軍）のレースまであった。さらには、クラス対抗の「組選《くみせん》レース」、一般寮生および教官の普及レースなど「校内」レースだけでも盛りだくさん。文科・理科の端艇部選抜クルー（大チャン）で出場する対外レースには、伝統の三高（京都）戦、インターハイ、インターカレッ

ジなどがあった。三高戦や校内の対科レースは名前や形を変えながら現在も続けられている。

ボート競技が盛んだったのは一高だけではない。多くの旧制高校や大学生の間でボートは長らく人気スポーツだった。寮歌第1号とされる一高の初代寮委員長、赤沼金三郎作詞の端艇部歌『花は桜木』（明治23年）に始まり、部歌、応援歌も他のスポーツに比べて多い。

▼五輪に出場した東大クルー

1936年のベルリン五輪には、旧制一高出身者を中心とする「東京帝国大学淡青会」が日本代表エイトクルーとして出場。このクルーは同年イギリスで行われた伝統の「マロー・レガッタ」に出場し、見事優勝。〝門外不出〟の大賞盃を日本に持ち帰った。60年のローマ五輪では、現・積水化学工業会長の大久保尚武ら東大のフォアクルーが出場した。東大クルーの五輪出場はこの2回で、いずれも入賞はならなかった。

▼半藤一利（はんどう・かずとし）

昭和5（1930）年東京生まれ。旧制浦和高校から東大文学部卒、文芸春秋入社。「週刊文春」「文芸春秋」編集長、取締役などを経て作家に。著書に「ノモンハンの夏」「日本のいちばん長い日」など。

一高の端艇部応援歌『嗚呼向陵《こうりょう》に正気《せいき》あり』（大正9年）や二高（仙台）の対一高端艇競漕凱歌《きょうそうがいか》『鷗《かもめ》や春の』（同11年）。三高のボート選手・小口《おぐち》太郎（1897～1924年、三高－東大）が作詞した『琵琶湖周航の歌』（同8年）は後に、歌手の加藤登紀子らが歌い、広く知られるようになった。一高の『春は春は』（明治43年）は今もボート選手共通の愛唱歌として親しまれている。

なぜ、これほどまでにボートが旧制高校生らのハートをとらえたのだろうか？

荒川はこう思う。「究極のチームスポーツだと思うんですよ。毎日毎日、つらい練習を重ね、ときにはケンカもしながら8人の漕手のタイミングが合い、だんだんとチームが出来上がってゆく…。勝利をつかんでも（クルー中の）ひとりの英雄にスポットライトが当たることもない。これが〝ボートの良さ〟じゃないのかな」

たった1度の敗戦に泣く

さて、荒川は一高から東大に進み、旧制浦和高からきた半藤一利（現作家）と出会う。昭和24（1949）年、学制が変わり新制大学になったときだ。

当時の東大のボートはケタはずれに強かった。全日本選手権のエイト（8人の漕手＋舵手《だしゅ》）で荒川、半藤が在籍した4年間のうち3度優勝（昭和24、25、27年）している。だが2人にとって、たった1度だけ優勝を逃した26年の全日本選手権のことが悔しくて忘れられない。そのレースこそが、翌年のヘルシンキ五輪（1952年）の代表選考レースだったからだ。

オリンピックは1936年のベルリン大会を最後に第二次世界大戦のために中断、戦後最初のロンドン大会（1948年）には「敗戦国・日本」は出場できなかった。ようやく、いくつかの種目に限って日本の復帰が認められたのがヘルシンキ五輪だったのである。

ヘルシンキ五輪を目指した東大クルー（右から3人目が半藤氏、左端が荒川氏、昭和26年）

半藤がいう。「今の人たちにはボクらの気持ちは分からないでしょうね。戦争に負けロンドンには出られなかったから、よけいに思いは募る。どうしてもオリンピックに出たいと思ったし、それだけ当時の東大は強かった。正直、負けるとは思っていませんでしたから」

運命のレースは昭和26年9月9日、埼玉・戸田の2000メートルコースで行われた。決勝に進んだのは東大、慶大、一橋大の3校。レースの模様がニュース映画に残っている。

中盤まで〝本命の〟東大がリード。1000メートルでスパートをかけ、リードを保ったまま、ややピッチを落とした頃合いを見計らったように、慶大が信じられないようなハイピッチで猛スパートをかけてきた。半藤は「(慶大は) まぁ玉砕戦法に出たんですな。(舳《へ》先《さき》に近い場所の漕手だった) ボクにはよく見えたけど、ゴールでの差は50センチもなかった。もっとも、慶応の言い分じゃ、『1・5メートルは離していた』っていうけどね (苦笑)」と悔しさを隠さない。

荒川によれば、敗因のひとつは夏場のオーバーワークだったという。「暑い夏でした。そんなとき、コーチだったベルリン五輪に出場した先輩が秋田へ転勤になってしまい、練習はボクらに任されたんです。『絶対にヘルシンキに行く』と意気込んでいるから猛烈に練習をやる。それで、本番ではへばってしまったのでしょうね」

ニュース映画を見れば、コース脇にはメディアをはじめ、観客が鈴なり、うら若き女学生の姿も目立つ。映像は抱き合って喜びをはじけさせる慶大クルーを映し出すが、もちろん敗者・東大の姿はない。半藤が著した『隅田川の向こう側』(創元社) に短くこうあった。

《(コーチ)「どうした、よく漕げたか」。誰もが黙っていたが、やがて、トーガン

（クルーのひとりの愛称）が答えた。「慶応はよく、実によく頑張りました」「そうか」と善照さん（コーチ）はしばらくクルーを一人ひとり見つめたが、やがて「さあ、早く艇をあげろ。閉会式があるから」。その瞬間、実にその瞬間だった。クルーの多くは涙を流した。とめようとしてもとまらない》

体罰やシゴキは一切ナシ

ボート競技における東大の強みは「理論」だった。艇の建造やオールの形・長さ、漕ぎ方にいたるまで、クルーはもちろん、ＯＢや教授らを動員して徹底的に〝理詰め〟でやる。

荒川は「中学、高校、大学を通じてそうでしたが、コーチやＯＢから『精神論』を聞いたことがない。どうやったら艇が速く進めるか、効率的にオールで水をかく力を伝えられるか…とことん理論で考えました。もちろん猛練習はするが、鉄拳制裁やいじめなんてことは一切なかったですね」と振り返る。体力や筋力がモノをいう一方で、当時のクルーらは「アタマが悪いヤツにはできないスポーツ」と嘯《うそぶ》いていたという。

大学卒業後、荒川は大学院へ進み、半藤は出版社に入った。２人ともボートとは関わり続けたが、選手としてオリンピックに出場する機会は二度とやってこなかった。

半藤に改めてボートの魅力を問うと、こんな答えが返ってきた。「仲間かな。あんな苦しい練習は、ひとりじゃ耐えられない。みんなで分かち合ったほうがいいでしょ」

沖縄に殉じた俊足・好打の名外野手――島田 叡

「島守」と称えられた知事

ノブレス・オブリージュ（高貴なる者は義務を負う）という言葉は、沖縄県最後の官選知事になった島田叡《あきら》の〝死に方〟にこそふさわしい。

先の大戦末期の昭和20（1945）年1月、沖縄には米軍の足音がヒタヒタと迫っていた。そこへ赴任するのは「自殺しに行くようなものだ」という者さえいた中で、島田を沖縄県知事に任命する辞令が下る。

それは、前任の官選知事が、あれこれと理由をこじつけて沖縄から逃げ出したからなのだが、島田は「オレが断ったら、誰かがいかねばならない」「他の者なら死んでもいいのか」と止める家族や周囲に言い放ち、敢然と「死地」へ向かう。

そして、沖縄県民のためにできる限りのことをやった。危険を冒して自ら台湾に渡り、食糧米を確保したり、県北部などへの住民疎開を推し進め、多くの命を救った。

最期までスポーツ精神を貫いた島田叡氏（撮影時期、場所は不明）

何よりも、〝逃げ足〟ばかりが早かった他の派遣組官僚とは違い、最期まで常に現場で先頭に立ち続けた島田の姿は沖縄県民にどれだけ頼もしく映ったことだろうか。

戦後、島田は沖縄県民から「島守」と称《たた》えられた。最期の地とされる県南端の摩文仁《まぶに》の丘には県民の浄財によって、島田と、犠牲になった県職員を慰霊する慰霊の塔が立てられている。そして、今も沖縄の高校野球の新人大会の優勝チームに「島田杯」が与えられるのは、島田が、野球の名プレーヤーだったからである。

スポーツで培われた人格

日本の野球は、明治５（１８７２）年、〝お雇い外国人〟教師だったアメリカ人、ホーレス・ウィルソンによって伝えられ、旧制高校（前身を含む）や早稲田、慶応といった学校に広まった。やがて、両都の市民をも熱狂させることになる一高（東京）と三高（京都）との対抗戦は同39（１９０６）年に始まり、戦後の昭和23（１９４８）

年まで続く。島田は大正期の三高野球部を代表する名プレーヤーのひとりだった。

対一高戦で島田が最も輝いたのは大正10（１９２１）年１月６日、三高グラウンドで行われた「第14回戦」であろう。賀陽宮殿下《かやのみや》も観戦されたこのゲーム。序盤、一高が３点を先取したものの、終盤に三高が追いつき、延長戦の末、見事な逆転勝利をもぎ取った。

その立役者が１番センターで出場した俊足・好打の左バッター、島田である。『三

▼**第三高等学校**
明治２（１８６９）年、大阪に設立された「舎密局《せいみきょく》」をルーツに、同19年、第三高等中学校、その後、京都に移り、同27年、第三高等学校となった。「西の横綱格」として、政、財、官、学界に多くの人材を輩出。文化人やジャーナリストも多い。「官」のイメージが強い一高（東京）に対し、「在野」「自由」の気風を貴んだ。今年５月、創立１４５年目を謳《うた》い「最後の同窓会」を京都で開いた。

▼**島田叡**（しまだ・あきら）
明治34（１９０１）年、神戸市出身。神戸二中（旧制、現兵庫高校）から第三高等学校（京都）へ進み、野球部のスタープレーヤーに。東京帝大卒業後、内務省に入り、昭和20（１９４５）年１月、〝最後の官選知事〟として沖縄に赴任。沖縄戦が終結した同年６月末に、県南端の壕《ごう》で自決したとされる。享年43。

高野球部史』にこうあった。《(島田は)5回打席に立って安打2、四球1、敵失で出塁1、打点1、得点2に加えて盗塁実に4を数え全く無人の野をゆくが如《ごと》く(略)島田選手こそ第14回戦の「最高殊勲選手」である》

三高野球部で1年後輩だった英文学者の中野好夫(1903~85年、三高—東大)は『最後の沖縄縣知事』の中で島田のことを、《一高三高野球戦四十年の歴史でも、おそらく有数の名手であり、花形だった》と称えているが、むしろ注目すべきなのは、人情味にあふれ、上司に媚《こ》びへつらうことのない、凜とした「人間・島田」の姿を綴ったくだりであろう。

中野はこういう。《最後の叡さん(島田のこと)を作り上げていたものは、やはり根本的にはスポーツの精神、とりわけ三高野球部で作られたスポーツ精神だったのではなかろうか。スポーツの世界では、いかに前もって劣勢だとわかっていても、逃げて避ける手は絶対にないのである(略)叡さんの一生こそはまさにそれ(※正しいスポーツ精神)であった》(同、※筆者註)と。

島田の前で歌う三高寮歌

さて時代は下り、終戦後の話になる。戦争のため、昭和17(1942)年の第35回戦（京都・西京極球場）を最後に中断されていた一高―三高戦は21年10月に再開される。今度は三高が東京へ遠征する番だ。

三高野球部マネジャーに就任したばかりの海堀昶《かいほりとおる》（１９２５年生、三高―京大）は、東京までの列車の切符や、選手のユニホーム、野球用具の確保、遠征資金集めに追われていた。海堀はサッカー女子日本代表（なでしこジャパン）のゴールキーパーを務めた海堀あゆみ（１９８６年生）の祖父である。ところが、孫娘とは対照的に、運動はさほど得意ではなく、野球は見たことさえない。

「野球部の主将が友達でね。『マネジャーをやってくれ』と拝み倒されました。結局、引き受けざるを得なくなり、さっそく一高戦の準備に走り回ることになったのです」

海堀昶氏

野球をまったく知らない海堀もマネジャーとしては、なかなか〝腕っこき〟であった。東京までの列車は、国鉄にいた三高の先輩に頼み込み、京都駅から増結車を一両、つないでもらう交渉に成功する。ボールは進駐軍の兵隊から〝せしめる〟ことにした。三高のグラウンドを貸したとき、兵隊らがファウルボールの捜索をロクに行わずに帰っていったからである。

戦後再開された一高—三高の野球戦（昭和21年10月27日、東京・上井草球場）

海堀がいう。「あんまりいいボールだったんで、びっくりしましたよ。カネもモノも食糧もない時代でしたが、それを集めてくるのがマネジャーのウデの見せどころでしょ」

戦後初の一高—三高戦は東京・上井草球場で行われた（7—1で一高の勝利）。このとき、一高側の応援席には、ノーベル物理学賞を受賞した小柴昌俊（1926年生、一高—東大）がいた。小柴がその試合のことを覚えているのは、直前に〝事件〟があったからである。

「友人がポケットいっぱいに石ころを詰め込み、逗子の海岸（神奈川県）で自殺したのです。それで強く印象に残っていますね」。友人とは一高在学中から詩人として知られた原口統三（1927〜46年）のことだ。原口の死後、遺作となった『二十歳のエチュード』が友人らによって出版されている。

幾多の名選手を生んだ伝統の一高—三高戦はその後、昭和23年まで続けられた。通算成績は三高の19勝18敗1分けである。その中には、島田の輝かしい活躍も、万人に愛された人柄も染みこんでいるはずだ。

海堀は今も沖縄を訪れると、必ず、摩文仁の丘へ行く。そこに野球部有志で立てた島田の鎮魂碑があるからだ。

「その前に立ち、『紅萌ゆる』(三高の代表的寮歌)や野球部の応援歌を歌うんですよ。ただ、年々、仲間が少なくなってゆく。最近はボクひとりのことが多くなったのが寂しいですよ」

第５章　寮歌にみる心意気

日本の伝統文化を消すな――神津康雄

“復活”した「日本寮歌祭」

「50回もやったから、このあたりで大団円かと思ったが、やめてみたら『まだまだやりたい、やめるべきじゃなかった』という声が多かった。やはり、日本の素晴らしい伝統文化である『寮歌』を簡単に消してもらっては困ります」

平成24年9月17日の敬老の日に、東京・神田の学士会館で開かれた「第1回寮歌伝承の集い」（日本寮歌振興会主催）は、3年前の22年、会員の高齢化などを理由に半世紀（50回）の歴史にいったん幕を閉じた「日本寮歌祭」を引き継ぐ行事＝令和元年、日本寮歌祭は9年ぶりに復活＝。あいさつに立った同会会長の神津康雄は、超満員の会場を前に、感激の面持ちだった。

寮歌祭時代からおなじみだった母校の白線帽、校名を刷り込んだ羽織、はかま姿の旧制高校ＯＢたちは最も若い世代でももう80代になる。そこに新制大学になってからの卒業生や、寮歌を初めて聞くという若い世代が加わって、参加者は当初予定の150人をはるかに上回って、300人近くとなり、急遽《きゅうきょ》、2回目を設定したほどだ。ただし、会の趣は随分変わっている。今回のメーンテーマは「寮歌の伝承」。各校OBらが壇上でそれぞれの寮歌を披露するという従来のスタイルを変え、3大寮歌と呼ばれる『嗚呼《ああ》玉杯《ぎょくはい》に』『紅《くれない》もゆる』『都ぞ彌生《やよい》』など著名な10曲を、プロの歌手の指導を受けながら全員で〝清く、正しく、美しく〟歌うことを心がけた。

神津は言う。「旧制高校は人間形成を根幹とする少数精鋭教育。仲間を思い、国を

▼第1回「寮歌伝承の集い」で取り上げられた寮歌

『都ぞ彌生』（北大予科、明治45年）▽『紅もゆる』（三高、同38年）▽『北帰行』（旅順高、昭和16年）▽『北辰斜《ほくしんななめ》に』（七高、大正4年）▽『北の都に』（四高、同4年）▽『春寂寥《せきりょう》』（松本高、同9年）▽『鷗《かもめ》や春の』（二高、同11年）▽『佐渡が島山』（新潟高、昭和4年）▽『嗚呼玉杯に』（一高、明治35年）▽『琵琶湖周航の歌』（三高、大正7年）＝登場順。

▼神津康雄氏（こうづ・やすお）

大正8（1919）年、長野県出身。東京府立五中（旧制、現都立小石川高）、山形高等学校（同）、東北帝国大学医学部卒。医学博士。日本医師会常任理事、日本寮歌振興会会長などを歴任。

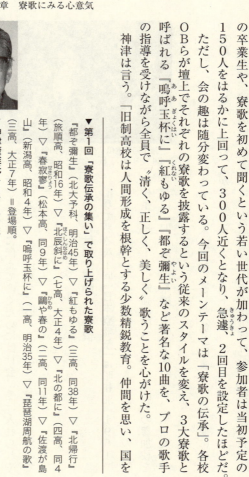

「第１回寮歌伝承の集い」で熱唱する参加者たち（平成24年９月17日、東京・神田の学士会館）

思うことを忘れなかった。旧制高校生が作り、歌った寮歌にはその精神が詰まっており、今の時代にこそ必要とされているものではないか。われわれだけが楽しむのではなく次代に伝えてゆくためには社会に受け入れられやすいスタイルで伝承していくことが大事だと考えたのです」

きっかけは学生運動への危惧

前身である第1回「日本寮歌祭」は昭和36（1961）年に東京・文京公会堂で開かれている。〝蛮カラの旧制高校生のイメージ〟が強い同祭だが、1回目の参加校をみれば、旧制高校の系譜を引く学校のほか、私立大学や女子大学も多い。

第7回（昭和42年）からは会場を日本武道館に移し（第20回まで）、最盛期には、60を超える学校、1万人以上が参加する一大イベントになった。

日本寮歌振興会の歴代会長には、安川第五郎（元安川電機社長、九州電力会長、一

高―東大）、永野重雄（元新日鉄会長、日商会頭、六高―東大）、大槻文平（元三菱鉱業セメント会長、日経連会長、一高―東大）など「財界の大物」が就任。やがては寮歌祭の開催だけでなく、関係する団体が旧制高校の復活を呼びかけたり、現代教育への提言、資料保存事業を手掛けるようになってゆく。

そのひとつ、昭和45年に東京・芝の増上寺で開かれた「旧制高校廃校二十周年復活祈願法要」での理念宣明の内容が「青春の譜　日本寮歌祭30年の歩み」（神津康雄著、国書刊行会）に記されている。

《一国の興亡は、一にかかって教育にある。（略）世界の驚異を招く繁栄を導いた日本が、精神面ではこういう醜態をさらしているのは、何故であろうか。曰《いわ》く、旧制高等学校を失ったからである。旧制高等学校は日本のバックボーンであった。それは、単なるエリートではなかった。旧制高校で人間形成を十分につんだ青年が帝国大学の教育を受けた。（略）そのバックボーンがなくなって骨抜きになった日本が晒《さら》している醜状、それが今の姿である》

神津が言う。「（寮歌祭や教育への提言を始めた）きっかけは学生運動でした。われわれ（旧制高校卒業生）は、国を思い、戦後の復興にも力を尽くしてきた。ところが、われわれを継いだ若い世代は（学生運動にのめり込み）、国を滅ぼそうとしているではないか。『このままにはしておけない』という思いでしたね」

当時は、日本の政、官、財界で旧制高校の卒業生がまさに中心となって活躍していた時代である。ただ、寮歌祭の方は盛会が続いたが〝旧制高校復活論〟が顧みられることはなかった。「単なるノスタルジアではないか」「エリート主義はよくない」…などという批判。「(旧制高校世代の)戦争責任はどうするのか」などと的外れな論でたたかれたこともあった。平成19年、教育制度に関する最後の提言が〝不発〟に終わった後、関係者は悔し涙にくれ、「これ以上やっても意味がない」と団体の解散を決めたという。

確かに、今から旧制高校という「制度」を復活させることは難しいかもしれない。だが、旧制高校の教育の精神や理念は何らかの形で、すくい上げることはできる。その「答え」のひとつが「寮歌伝承の集い」だったのではないか。

旧制高校の精神を歌に

明治から昭和にかけて、全国の旧制高校などで作られた寮歌の数は2500曲を超えるという。寮歌に対する思いもさまざまだ。新しいスタイルとなった「寮歌伝承の集い」についても会場では賛否両論があった。その最大の〝争点〟は「正しく歌う」

という定義であろう。

長い時代を歌い継がれてきた寮歌の中には、メロディーや歌詞が原曲と変わってしまった歌も少なからずある。また、多くの寮歌は、音楽の専門知識がない素人（生徒）が作ったものであり、「それを今になって五線譜に移し替え、音楽的にどうこう言うのはおかしいではないか」という意見も根強い。

多くの寮歌を歌ってきたソプラノ歌手の藍川由美（１９５６年生）は、日本寮歌振興会の関係者から「正しい寮歌の歌い方を教えてほしい」と頼まれたとき、思わず「『正しい寮歌』ってあるんですか？」と問い返したという。「いまその人たちが歌っているのが『正しい寮歌』だ」というのが藍川の考えだ。

寮歌を作った先輩たちの「思い」を大切にしたい、という声もあった。「寮歌の良さはメロディーよりも歌詞にある。（旧制高校生の）哲学や精神が込められているからだ」（松江高ＯＢ）。一方でこの会で母校の寮歌を歌えなくなった学校も多い。姫路高のＯＢはこう話す。「確かに寂しい、物足りない面がある。でも、寮歌を知らない若い世代に伝えてゆくには、（『嗚呼玉杯に』などの）有名な歌を中心に正しく知らしめてゆくのもよいのではないか」

もちろんこうした集いは、「寮歌伝承の集い」だけではない。日本寮歌振興会以外の団体や、学校単位、地域単位でも広く行われている。北海道大では現在も毎年、学生によって新たな寮歌が作られている。今回の「寮歌伝承の集い」もそうであったように、旧制高校の卒業生だけでなく、若い世代が参加する寮歌祭も増えているのは喜ばしいことではないか。

神津は言う。「(寮歌伝承の集いを)最初に考えたとき、われわれの行動を理解してくれる人たちがどれぐらいいるのか? 正直なところ心配だった。でも何もしないではいられなかった。寮歌には今の日本に必要な旧制高校の精神や教育が全部詰まっている。それをわれわれの手で伝えていきたいのですよ」

二高校歌に父の面影を探して――葉盛吉・光毅

母が守り抜いた父の遺品

葉盛吉のことは、司馬遼太郎の「街道をゆく　台湾紀行」に書かれている。

《葉盛吉。故人。台湾にうまれ、二十二年間、日本人だった。戦時下、本州にわたり、仙台の旧制二高を経て東大医学部入学。敗戦、帰台。自動的に中華民国の国民になる。台湾大学医学部を卒業し、マラリア研究所に勤務。一九五〇年、銃殺刑に処せらる。生年二十七》

戦後、日本に代わって台湾に乗り込んできたのは中国共産党との内戦に敗れた蔣介石（１８８７～１９７５年）の国民党政権である。それに先立つ１９４７年、外省人政権の圧政や腐敗を糾弾すべく蜂起した民衆を武力で弾圧（「2・28事件」）し、以来、「白色テロ」と呼ばれる恐怖政治によって、多くの台湾人（本省人）の知識人が政治犯として投獄され命を奪われた。盛吉もそのひとりである。

二高時代の葉盛吉

盛吉の長男、葉光毅（1950年生、台湾・成功大学教授）は、父の顔を知らない。10月2日に生まれたとき、父・盛吉はすでに獄中にあり、11月29日には時の政権によって銃殺されてしまったからだ。

母が初めて、父の二高時代などの日記や写真を収めた柳行李《やなぎごうり》を見せてくれたのは光毅が小学校高学年になったころである。「白色テロ」が吹き荒れた時代に〝日本時代のもの〟が当局に見つかったら、ただでは済まない。行李は命懸けで母が隠し持っていた父の遺品だった。

「でも、母は嘆くのです。『日本語が分からないお前（光毅）は大きくなってもこれ（父の日記など）を読めないんだねぇ』。難しい日本語の機微は母もわからない。だから師範学校を出たインテリの祖父が〝父の口まね〟をして日記を読んで聞かせてくれたのです。私はまだ12歳でしたが、（祖父と父と）2人の人間像が混ざりあって涙がとまらなかった」

大正12（1923）年、日本統治下の台湾に生まれた盛吉は、台南一中（旧制）から昭和18（1943）年、二高理科乙類（ドイツ語が第1外国語）に入学する。盛吉は二高を愛し、高校生活を謳歌した。同じく台湾出身の同級生であった楊威理（１９２５年生、後に日本に帰化）が盛吉の日記をもとにして書いた「ある台湾知識人の悲劇」にはこうある。《二高生活はわずか二年（※戦時下で短縮）であったが、彼の人格の形成に大きな影響を与えた。（略）葉（※盛吉）は東京でこう回顧している。『二高のコンパを思い出した。あの純真に世界観、人生観に悩み、感激した我らの生活は今でも最もよい思い出だ』》（※は筆者注）

▼第二高等学校
明治19（１８８６）年の中学校令によって1～5のナンバースクールの高等中学校のひとつとして設置が決まり、翌20年、仙台に創設。27年、第二高等学校となった。文科より理科の比率が高く（昭和15年の定員は、文科80人、理科２００人）、「蜂」をデザインした校章もユニーク。主なOBに、稲山嘉寛元経団連会長、石原信雄元内閣官房副長官ら。

▼土井晩翠（どい〈つちい〉・ばんすい）
詩人、英文学者。明治４（１８７１）年仙台生まれ。第二高等中学校（後の二高）から東京帝国大学英文科卒。母校二高の教授として長く英語などを教えた。代表作に『荒城の月』（作曲は滝廉太郎）。

父・盛吉について語る葉光毅氏（大阪府豊中市の大阪大学）

盛吉は、民族意識の問題に悩みながらも〝日本人よりも日本人らしく〟あろうとした。人望が高く、推薦されて二高・明善《めいぜん》寮の庶務幹事になった。植民地出身の生徒としては「異例のこと」だったという。

父のことをもっと知りたくなった光毅は独学で日本語の勉強を始める。そして、台湾の大学を出た後、大阪大学に留学。二高の校歌などが入った旧制高校寮歌集のテープを買い求め、そらで歌えるぐらいになるまで繰り返し聞き続けた。

二高が創立110周年を迎えた平成8（1996）年、記念式典に参加するため、光毅は仙台を訪れる。

「父の同期生たちが『息子（光毅）を呼んでやろう』と声を掛けてくれたのです。私を見たとたん、父の友達は涙をこぼしながら、自分の白線帽と羽織を私に着せてくれました。私は父の同級生たちと肩を組んで校歌を歌った。なぜ父が二高を愛したのか分かった気がしましたね」

母もすでに逝き、父の行年をはるかに超えてしまった光毅はときどき夢の中で一度も会ったことのない「父の声」を聞くという。「テレパシーがあるのかな。後で分かったことですが、父が銃殺刑になった時刻に赤ちゃんの私は突然、激しく泣き出したそうです。そもそも、ほんのわずかしかなかった両親の結婚生活で私が生まれたこと自体が奇跡じゃないですか」

「寮歌」よりも「校歌」

葉光毅が、父の面影を探して毎日のように聞き続けたという二高の校歌『天は東北―山高く』は、明治38（1905）年に制定されている。作詞は、二高の教授であった詩人の土井晩翠、作曲は、後の東京音楽学校（現・東京芸大）教授の楠美《くすみ》恩三郎《おんざぶろう》（1868～1927年）であった。

多くの旧制高校生が「校歌よりも寮歌だ」といい、校歌が存在しない学校も少なくない。だが、二高は逆で、「寮歌よりも校歌」である。

全国旧制高校寮歌祭の会長を務めた木幡功《こはたいさお》（1932年生、二高―慶大）はこう言う。「二高の場合、一に校歌、二に明善寮寮歌、三に（校友会の）尚志会会歌の3つは動かないんじゃないかな。校歌は詞がよく、曲もいい」。とりわけ、晩翠の詞は格調高く、「たくさんの学校から委嘱されて校歌を作った晩翠だが、この二高校歌を凌《りょ》罵《うが》するものはついになかった」（二高OB・穴水恒雄著「天は東北—山高く」考）という指摘もあるほどだ。

晩翠は、詩人として名をあげ、母校・二高の英語教授として凱旋《がいせん》している。その英語は「ズーズー弁なまり。晩翠自身が『まねをしてはいけない』と生徒に言っていた」というエピソードも残っているが、その後も定年退官まで、二高教授であり続けた。

気宇壮大な校歌の歌詞には「東北」の地を愛し、母校を愛した大詩人の思いが込められている。その精神を受け継ぐ、二高の卒業生たちは今も、5番まである校歌を目を閉じて高唱し、陶酔するのだ。

地方でも活発な寮歌祭

寮歌祭には全国規模の会もあれば、地方を拠点にしたものや、学校別の会もある。増田甚平（1928年生、二高—東大）が会長を務める千葉寮歌祭もその一つだ。平成24年で27回を数え、全国から旧制高校のOBら約200人が参加した。

増田が言う。「千葉には旧制高校がなかったでしょ。だから逆に集まりやすいのですよ。（旧制高校があった土地でやると）過半数がその学校の卒業生になってしまい、他の学校は歌いにくい。私たちの寮歌祭は、『来る者拒まず』『公平、平等』をモットーに和気あいあいとおおらかにやっています」

千葉寮歌祭には、木幡も駆けつけた。歌うは、もちろん、二高校歌である。「（寮歌祭で）いつまで校歌を歌えるやら…」。増田も木幡も思う。

「寮歌は、貴重な日本の伝統文化です。だから次代に残したい。ただね、当時の生活を体験していない若い人たちにどれだけ理解してもらえるのかな、という思いもあるんですよ。われわれがいなくなったらどうなるのか」

そう自問自答しながら木幡は今年も全国の寮歌祭を回る。

最後のコンパ「玉杯」に酔う——奥野誠亮、大森義正

解散しても精神は消えず

秋も深まった平成24年11月13日、かつて第一高等学校（旧制）があった東大教養学部（駒場）のキャンパスをめざす、老紳士の一群があった。約1200人の会員を持つ一高同窓会が25年3月をもって解散することとなり、この日「最後のコンパ（午餐《ごさん》会）」が開かれたのである。

東京英語学校、大学予備門などの前身を経て、明治19（1886）年、第一高等中学校（同27年、第一高等学校に改称）として、東京に誕生した同校が、昭和25（1950）年3月の閉校までに送り出した卒業生は約2万人。明治、大正、昭和と、政、官、財、学界のトップに立ち、国を背負う幾多のリーダーを養成してきた。

歴史の長さ、卒業生の多さもさることながら、その難関ぶりは旧制高校の中でも群を抜いており、入学試験には全国から〝秀才中の秀才〟が集まった。柏の葉をかた

どった校章は、少年少女たちの「憧れの的」だったのである。

だが、閉校から60年以上が経過し、卒業生は最も若い世代でも80歳を超えた。これまで、段階的に規模を縮小しながらも何とか組織を維持してきたが、ついに解散を決めざるを得なくなった。一高同窓会事務局長の大森義正（１９３１〜２０１３年、一高―東大）が言う。「高齢化の問題や、財政面から続けることが難しくなりました。時の流れとはいえ無念なこと。解散を前に『最後のコンパをやろう』ということになったのです」

▼**旧制一高寮歌『嗚呼玉杯に』**
明治35（1902）年制定。正式名称は、第12回紀念祭東寮寮歌。作詞は、矢野勘治（1880〜1961年、一高―東大）、作曲は、楠正一（1880〜1945年、一高中退）。一高のみならず、全寮歌を代表する曲。一高の集まりでは、最後に「玉杯」を歌うことが習わしになっている。歌詞に登場する「向ケ丘」は、昭和10年に駒場に移転するまで一高があった東京・本郷の地名。

▼**佐藤紅緑**（さとう・こうろく）
作家。明治7（1874）年、青森県出身。新聞社勤務などを経て、作家、俳人として活躍。少年小説の大家となる。サトウ・ハチロー、佐藤愛子の父。

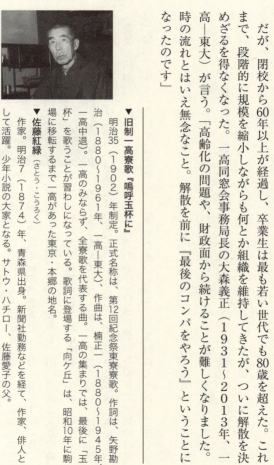

あいさつする奥野誠亮氏

一高同窓会「最後のコンパ」には、約60人のＯＢが出席した。乾杯の音頭をとったのは、参加者中最高齢、当時99歳の奥野誠亮《せいすけ》（１９１３年生、一高―東大、元法相、文相）である。旧内務省に入り、戦後、自治事務次官を経て政治家に。先の大戦や憲法改正などをめぐって「正論」を貫き通し、閣僚を更迭されても節を曲げなかった硬骨漢はいまなお、かくしゃくとして年齢を感じさせない。

「最後の同窓会（のコンパ）ということだが、人（ＯＢ）がいる限り（一高の精神は）続いてゆく。ひいてはそれが、日本のためにもなる」。奥野はこう言って杯を挙げた。

奥野は、昭和10（１９３５）年に一高文科乙類（ドイツ語が第1外国語）を卒業している。一高はその年を最後に、本郷から駒場に移転しているから、奥野は、本郷で3年間を過ごした最後の世代だ。「（移転にともない）一高生は銃剣を肩に担いで本郷から駒場まで行進したんだ。すでに東大生になっていた私は、（本郷の）校門の前でそれを見送った記憶がある」

一高の寮史『向陵誌』にはこうあった。《昭和十年九月十四日、第一高等学校寄宿寮は、本郷区弥生町から目黒区駒場への移転式を挙行した。第一高等学校と東京帝国大学農学部との敷地交換に伴い、自治寮もまた（略）新天地を求めたのである。寮生は午前八時半（略）、（一高の象徴である）「護国旗」を先頭に、駒場に向かって武装行進を開始した。その数八百六十八名。病気等による不参加者は二百五名である》

不参加者が多かったのは「武装行進」に対する反発が強かったからだ。その是非を問う緊急総代会では、「制服、制帽で十分だ。一高は陸軍士官学校じゃない」という反対意見、「武装は決してファッショ的なものではない。緊張感が保てるではないか」とする賛成意見が述べられ、採決では「賛成」が多数となった。不参加は「反対者」の無言の抵抗だったのだろう。

奥野は思う。「一高の良さは何よりも『自治』にあった。先生に教えてもらうのではなくて、生徒が自由に勉強し、互いに論議し合う。そして、人間としても成長し、人格の陶治《とうや》をやったんだよ」

市民にも愛された歌

一高の代表的寮歌『嗚呼玉杯に』をテーマにした佐藤紅緑《こうろく》の小説『ああ玉杯に花うけて』が雑誌「少年倶楽部」に連載されたのは、昭和2（1927）年のことである。

主人公の少年「チビ公」は、父親を亡くし、豆腐売りをしながら苦学し、悪漢のイジメにも耐えて、ついには難関の一高に合格。あこがれの「嗚呼玉杯に」を高唱する…。貧乏な少年が仲間に支えられて、立身出世を果たす物語。「苦労すれば報われる」「友情は大切だ」というメッセージは、巷の少年たちを熱狂させた。

同書の解説（講談社文庫コレクション）で、作家、フランス文学者の出口裕弘《ゆうこう》（1928年生、旧制浦和高―東大）は、当時の紅緑作品の少年小説の人気ぶりをこう振り返っている。

《英雄礼賛の熱弁をともなう、その〝義侠〟ぶりに、少年の私は感奮した。読み終わった日は、興奮でなかなか寝つけないほど心をゆさぶられた》

「嗚呼玉杯に」は、自治の理想を掲げ、「文武」で国を背負って立つエリートの姿、卑俗な権力や富と一線を画した孤高の尊さが歌われている。旧制高校生はもちろん、やがて流行歌のごとく、広く市民に愛されるようになった。出口は、当時、父親が、この歌を鼻歌がわりによく口ずさんでいたというエピソードも記している。

東京六大学野球の応援にも

いつしか、『嗚呼玉杯に』は一高生の集まりの最後に必ず歌われるようになった。

「最後のコンパ」で「嗚呼玉杯に」を歌う一高OB（平成24年11月13日、東大駒場キャンパス）

一高同窓会「最後のコンパ」では、名残を惜しむかのように、多くの寮歌が合唱された。『仇浪《あだなみ》騒ぐ』（明治40年）、『藝文《げいぶん》の花』（同43年）、そして、駒場への移転を歌った〝昭和の玉杯〞と呼ばれる『新墾《にいはり》の此の丘の上』（昭和12年）…。最後はもちろん、参加者全員が輪になって行進する『嗚呼玉杯に』2唱である。

一高は、寮歌の数でも群を抜いて多い。その数、約360曲。一高OBだけでなく、新制東大のOBらにも歌い継がれている。『嗚呼玉杯に』は、神宮球場で行われる東京六大学野球の応援において、いまも〝定番〞のひとつだ。

東大の攻撃時、応援団のリーダーが、歌詞を書いたカードを大きく掲げると、老若男女が肩を組み、『嗚呼玉杯に』がスタンドにこだまする。制定されて平成24年で110年。哀愁を帯びたメロディーと、格調高い歌詞は時を超えて、学生たちの心をつかんではなさない。

一高同窓会は来春の解散後、その資料などは、東大の博物館などが引き継ぎ、名簿については東大教養学部の校友会組織に移ることになっている。

だが、奥野が言うように、たとえ組織がなくなっても、「人」がいる限り、コンパは続き、ＯＢは『嗚呼玉杯に』を歌い続けるに違いない。

予備校生を魅了した若者の歌――石濱恒夫、白山桂三

「関関同立」の命名者

大阪の老舗予備校のひとつ「夕陽丘《ゆうひがおか》予備校」（大阪市天王寺区）の創設者、白山桂三（１９２１～93年、旧制大阪高―東大）は、なかなかのアイデアマンであった。関西の４つの名門私大（関西、関西学院、同志社、立命館）をまとめて「関関同立《かんかんどうりつ》」と呼んだ〝言い出しっぺ〟も白山である。

当時、大阪新聞の教育記者だった宮本守正が「創立三十年夕陽丘予備校史」（昭和56年発行）に白山から、このネーミングのアイデアを聞いたときのエピソードを書いている。《（白山）この４つの私立大が、関西では入試レベルも高く、人気もある大学で、これを総称して〝関関同立〟と言うことにしようや。大学へアタック（※大阪新聞の教育面）で、はやらせや（※は筆者註）》

宮本は白山の印象を《常に何かを追い求めて、情熱をたぎらせておられる先生》

白山桂三氏

（同）と語っているが、昭和27（1952）年、白山が高校教員を辞め〝徒手空拳〟で予備校を立ち上げたのは、GHQ主導の「戦後の教育」に疑問を抱き、《自分の欲する好きな教育》（同）を行うためであった。

それは、「受験の技術」だけでなく「人間形成」にも重きを置く教育。まさに『旧制高校の教育』だったと思えてならない。草創期には度重なる経営難など、さまざまな危機に襲われるが、驚かされるのは困難に立ち向かう教職員、生徒、OBらの「人間関係の濃密さ」である。校舎の改築工事や入試の解答速報を行うためにOBらが無給で駆けつけたり、予備校では珍しい同窓会があったり。

極め付きは白山による旧制高校の寮歌演習である。校舎前の公園や校舎の屋上で、あるいは夏合宿で、時間が空くと、ともに大きな声で寮歌を歌う。白山の母校である大阪高の全寮歌『嗚呼《ああ》黎明《れいめい》は近づけり』をはじめ、一高の『嗚呼玉杯に』、三高の『紅もゆる』、広島高の『怒濤《どとう》の譜《ふ》』…。それは白山が亡くなるときまで続いた。

白山の長男で皇學館《こうがくかん》大学教授の白山芳太郎（1950年生）はこう話す。「旧制高校生も予備校生も18歳前後の若い学生たちです。同じ18歳が思いを込めてつくった寮歌を大きな声で歌うと元気が出てくるし、励まされる。（浪人時代の）人生の突破口にしてもらいたい、と父は考えていたようですね。校歌の代わりや合格祝賀会にも寮歌を歌うようになって『夕陽丘予備校の名物』になりました」

白山の寮歌はやがて、エリートの養成機関だった旧制高校に反発を抱いていた若い世代をも魅了してゆく。同書には新制の教育を受けた講師による、こんな趣旨の記述もある。

《新制中学の一期生である私は、旧制度の学校や考え方等には生理的になじめず、抵

▼大阪高等学校

大正11（1922）年、19番目の官立高等学校として開校。略称は大高《だいこう》。地元出身者が過半を占め、校風は「都会的」。出身者には政財官界をはじめ、ジャーナリストや学者も多い。校章は、ローレル（月桂樹）をデザインしたもの。主なOBには、ノーベル化学賞受賞者の福井謙一、漫才作家の秋田實、三井脩元警察庁長官など。

▼石濱恒夫（いしはま・つねお）

作家、詩人。大正12（1923）年、大阪出身。旧制大阪高等学校から東大文学部卒。53年、『らぷそでい・いん・ぶるう』が芥川賞候補に。流行歌『こいさんのラブ・コール』『硝子《がらす》のジョニー』などの作詞者としても知られる。父は東洋史学者の石濱純太郎、作家で、やはり大阪高OBの藤沢桓夫《たけお》は、いとこにあたる。

抗を感じていた。ところが、何年も寮歌を耳にしていると、往時の若者の心意気がうかがえ、今の若者よりははるかに自由を求め、使命感にもえ、喜怒哀楽を豊かに表現していたことが、うらやましく思えて、あこがれさえ抱くようになった》と。

石濱恒夫に勝った自慢の詞

白山は大阪高時代や、1950年に閉校した後の記念祭歌を含めて、いくつかの寮歌を作詞している。その代表作が今も名曲として歌い継がれている『第19回記念祭歌』（昭和15年。作曲は大谷恒彦）だ。長男の芳太郎は、父親と大阪高の同級生で親友だった作家の石濱恒夫にまつわる、こんなエピソードを覚えている。

「父と石濱さんは、同じ年に大阪高に入り、やはり同じように2年に上がるときに落第した（苦笑）。そして、『（卒業後は）ともに東大へ行こう』と誓い合った一生の友達でした。石濱さんは後に作家として名を成しましたが実は、高校在学中に石濱さんの詞ではなく、父が書いた詞が採用されたことがあったそうです。『石濱に勝った』というのが父の自慢でした」

大阪高や寮歌に対する白山の思いはことのほか強かった。それは、夕陽丘予備校の校章が、大阪高とそっくりなことを見てもわかる。校章にあるローレル（月桂樹《げっけいじゅ》）の

父の思い出を語る白山芳太郎氏（三重県伊勢市の皇學館大学）

名前を冠したクラブをつくり、そこには長く大阪高の同窓会事務局があった。

昭和41（1966）年に大阪で誕生した「全国寮歌祭」の運営にもかかわった。第8回全国寮歌祭のプログラムに白山は一文を寄せている。《一国の運命は青年の肩にかかっています。青年よ！　眉をあげ嘯《うそぶ》き給《たま》え》と。

〝寮歌嫌い〟が一変

石濱や白山と大阪高の同期にあたる赤松義夫（1924年生、旧制大阪高―京大）は石濱の詞に曲をつけ、2つの寮歌（『酒ほがひの歌』『桜樹踏歌《おうじゅとうか》』）を作っている。ただしそれは、閉校後の記念祭歌でのこと。今や大阪高ＯＢを代表して寮歌を語る機会が多い赤松も、高校生のときは「寮歌が大嫌いだった」というから面白い。「当時はクラシックが大好きで、人によってフシが違うような〝エエかげんな寮歌〟は認められなかった。実は（白山の詞が採用された）第19回記念祭歌に一度だけ曲を書いて応募したのだが、（クラシック調の曲が）『こんなもの寮歌ではない』と突き返

赤松義夫氏（左）と米野元夫氏（大阪市内）

されて、決定的に嫌いになりました（苦笑）」

ところが、大阪高の先輩に誘われて覗《のぞ》きにいった第1回の全国寮歌祭の寮歌を聞いて赤松の認識は一変してしまう。「特に詞がよかったですね。言葉に『思い入れ』があった。歴史や文学に精通していないと、あんな高尚な詞は作れない。それを高校生がやったことに驚きました。原曲とフシが変わっている歌もありましたが、歌い継がれてゆくうちにどんどん良くなっている。『こんなエエ曲やったんか』と遅まきながら気付いたわけです。今は『寮歌調』の良さが分かります」

赤松が石濱とのコンビで作ったように、大阪高OBは閉校後も節目ごとに新たな寮歌（記念祭歌）を発表し、歌い継いできたが、同窓会副幹事長の米野《こめの》元夫《もとお》（1931年生、大阪高―大阪大）によれば、「高齢化と厳しい財政状況」によって、総会などの公式行事は一昨年秋を最後に、同窓会の事務局も平成24年春で閉じられた。

だが、白山が願ったように若者たちの熱い思いは時代を超えるはずだ。そして、赤松が感じたように『思い入れ』の分だけよい歌になってゆく気がしてならない。

「紅もゆる」百年の謎に挑む——岸田達也

作曲者「k．y．」は誰？

第三高等学校（京都）の代表的寮歌『紅もゆる』（逍遙の歌）は、一高の『嗚呼玉杯に』（明治35年）、北大予科の『都ぞ弥生』（同45年）と並んで、いわゆる「3大寮歌のひとつ」に数えられている。

ところが、他の2つの歌の作詞、作曲者や創作過程が詳しく分かっているのに『紅もゆる』は、はっきりしない。分かっているのは、詩人の沢村胡夷《こい》（本名・専太郎、1884～1930年、三高—京大）が明治38（1905）年～39年ごろに作詞した、一部三年乙の「クラス歌」だったということだ。

三高の寮史「神陵史《しんりょう》」はこう綴っている。

《ともに全国寮歌中の白眉とされてきた第一高等学校の「嗚呼玉杯に」が、その成立事情が判然としているのときわめて対照的である。「紅もゆる」についてのたしかな

事実は、沢村専太郎の作詞であること、原譜が現存し、作曲がk・yとのみ記されていること…》

とはいえ、原譜の存在が公になったのは『紅もゆる』の歴史から見れば、そんなに古いことではない。昭和38（１９６３）年のことである。楽譜に小さく記された「k．y．」とはいったい誰なのか？　論争が始まり、三高同窓会が報道機関を通じて、情報提供を呼びかけたこともあったが、めぼしい成果はなかった。

何しろ１００年以上前に作られた歌なのである。寮歌に詳しい東京音大准教授（音楽教育）の下道郁子《したみちいくこ》はいう。「『紅もゆる』はクラス歌が全校に広まり、一般にも知られるようになった歌です。１００年もたっており、作曲者の特定はなかなか難しいのじゃないでしょうか」

▼岸田達也（きしだ・たつや）
大正12年（１９２３）年、東京生まれ。旧制第三高等学校から東京帝国大学文学部西洋史学科卒。文学博士。名古屋大学名誉教授。

「物証」と「証言」で確信

ところが、三高OBである名古屋大学名誉教授の岸田達也はあきらめなかった。「百年の謎」に挑み、10年がかりで、ひとりの人物にたどり着いたという。三高の水上部歌や野球部歌などの作曲者として名前が残っている「吉田恒三《つねぞう》」（1872〜1957年）である。

吉田は東京音楽学校（現・東京芸大）卒業後、京都で音楽教育にかかわり、声明《しょうみょう》の研究家としても名高い。

岸田は現在、広く歌われている「紅もゆる」とは異なっている原譜のメロディーには、吉田の専門である天台声明の旋律形を活用したと思われる部分があることに注目。吉田作曲の「地理歴史唱歌　京都」（明治39年）の楽譜と「紅もゆる」の比較を専門家に依頼し、同一人物と考えて「まったく違和感がない」との回答も得た。

さらには、吉田の高弟が、「（吉田は）『紅もゆる』は私が作曲したのだが、生徒が勝手に歌い崩したので、私は名乗らないことにした、と話していた」と〝証言〟していたことを知る。

岸田はいう。「『物証』と『証言』の両面から、吉田恒三が作曲したのは、まず決定的ではないか。『k．y．』のイニシャルは『つねぞう』を『こうぞう』と三高生が読

「k.y.」＝吉田恒三説を主張する岸田達也氏

み違えたからでしょう。吉田は当時すでに、音楽家として名をなしており、実名を出すのが気恥ずかしかったのかもしれませんね」

岸田は「k．y．＝吉田恒三説」を自著などで発表しており、「作詞者『沢村胡夷』とともに作曲者『吉田恒三』の名を明記して、後世に伝えるべきだ」と訴える。

ただ、〝百年の謎〟として残しておくのもロマンがあるのではないか。毎年の紀念《きねん》祭に合わせて寮生が寮歌を作り、しっかりとした形で残してきた一高に対し、『紅もゆる』がそうであったように三高の寮歌は形式にとらわれることなく、自然発生的に流行した歌が多い。三高ＯＢによれば、それこそが「三高らしい」というのである。

〝名歌〟の元歌は一高に

三高にはもうひとつ「紅もゆる～」で始まる有名な寮歌がある。大正８（１９１９）年ごろに作られた『月見草』である。

明るいメロディーとロマンチックで哀《かな》しい歌詞。この歌は、まだラジオ放送もなかった時代に口伝えで広まり女学生の間で大人気となった。

歌手の加藤登紀子（1943年生）が昭和47年に「日本寮歌集」のレコードを出したとき、京都育ちの両親の愛唱歌として、どうしても『月見草』を収録したかった、というエピソードが残っている。

三高歌集

『月見草』は三高野球関係者の四国・松山でのロマンスから生まれた。当時、野球部主将を務めた大物OBが、全国寮歌祭のプログラム集「廣場」にその由来を書き残している。それによれば、ある大投手の助手として松山中学（旧制）にコーチにいった三高のY君が、下宿の隣に住んでいた美しい乙女S子さんと恋をした。そのロマンスを面白がった何人かの野球部員が〝あることないこと〟を創作し、悲恋物語を作り上げてしまったのが真相らしい。

実際に2人は後に結婚するのだが、歌詞では《Y君が胸か何かを病んで亡き人となった事《こと》にしようじゃないかと簡単にきめて、美しき乙女が亡き人を慕って月のある晩月見草の咲く吉田山をさまよう態《てい》にした》（「廣場」から）というからシャレが効き過ぎている。

三高野球部のマネジャーを務めた海堀祖《かいほりとおる》（1925年生、三高—京大）がいう。「当時、三高は地方の中学からいい選手を集めるために、部員をコーチに派遣していた。そこで生まれたロマンスを別の部員がはやし立て、おもしろく歌をデッチ上げたんでしょうね」。イタズラが名歌を生んだというわけだ。

『月見草』にはもうひとつ「秘話」がある。寮歌に詳しい詠帰会《えいきかい》幹事の森下達朗《たつろう》（1936年生、東大—国鉄）によれば、『月見草』の元歌は、ライバル一高の寮歌だという。

京都・吉田山にある「紅もゆる」の歌碑（京都市左京区）

その元歌は一高の明治41（1908）年の第18回紀念祭寄贈歌『紫淡くたそがるる』。一高から京都帝国大学福岡医科大学（現、九州大学医学部）に進んだOBの寄贈歌だというが、作詞者・作曲者名までは特定されていない。

ちなみに『三高歌集』で『月見草』は、野球部員の作詞者のみ書かれ、作曲者については触れていないケースが多いが、海堀は『三高野球部史』の中で潔く、その〝事実〟について触れている。《曲の方は一高寮歌『紫淡くたそがるる』のメロディーを借用した》と。元歌よりも『月見草』がはるかに有名になったのは、やはり、ロマンチックで哀しい歌詞に女学生が魅せられたからだろうか。

三高の名誉のために付け加えれば、寮歌の世界では、こうしたメロディーの拝借は珍しいことではない。かくいう一高の初期の名寮歌・第11回紀年祭寮歌『アムール川の流血や』（明治34年）についても、永井建子《けんし》作とされる軍歌『小楠公《しょうなんこう》』との類似性を指摘する意見があり（異説あり）、その後は、メーデー歌『聞け万国の労働者』に流用され、北朝鮮の朝鮮人民軍でも歌われているというから面白いではないか。

「剛毅木訥」五高のテーマソング――下村弥一と坂本龍一

世界的音楽家育んだ歌

東亜国内航空（日本エアシステムを経て日本航空と経営統合）の社長・会長を務めた下村弥一《しもむらやいち》（1897～1990年、旧制五高―京大）は、五高の校風である「剛毅《ごうき》木訥《ぼくとつ》」そのままの人だったという。高等学校時代を振り返った新聞のインタビューにこう語っている。

《熊本という武張った土地柄だったので、そのバンカラぶりも一頭地を抜いていた》。そして、自由奔放な生活を堪能した半面、禅や哲学にも、のめり込んだ学生生活だったと振り返っている（昭和41年2月21日付、日本工業新聞＝現・フジサンケイビジネスアイ）。

下村は寮歌や旧制高校を愛し、よく寮歌祭にも顔を見せていた。日本寮歌振興会会長を務めた神津康雄（1919～2013年、旧制山形高―東北大）が言う。「日本

東京五高会に出席した下村弥一氏（左）。親友だった池田勇人元首相の満枝夫人と（昭和 54 年）

寮歌祭では昭和37（1962）年に（一高〜八高の）ナンバースクールが全部そろったのだけれど、下村さんもそのころから参加していたんじゃないかな。剛毅で凛《りん》としていて、どっしりとした風格を感じた。旧制高校の教育や精神を今に生かす『日本の高等教育を考える会』の活動にも参加していただいた」

とりわけ、下村が愛した寮歌が五高を代表する『武夫原頭《ぶふげんとう》に』だ。長女の坂本敬子が、こんなエピソードをあかしている。《父は、四十歳のころからピアノを買い入れ（略）弾くのは決まって五高の代表寮歌「武夫原頭」でした。興が乗れば一日に何回でもピアノを伴奏に、「武夫原頭」を大声で唱《うた》う…》（平成8年刊、「日本寮歌大全」から）

敬子の一文には、息子（下村の孫）がヨチヨチ歩きのころから祖父に抱かれて「武夫原頭」をピアノで弾く場面が出てくる。「孫」とは世界的な音楽家として活躍している坂本龍一（1952年生）のことだ。

坂本龍一氏

母・敬子はこう書く。《この古ぼけたピアノは、父から娘へ、さらに孫へと「武夫原頭」という同じ曲をテーマに、引継がれたわけで、龍一の音楽の根底には「武夫原頭」のメロディーが潜在意識として流れていると思います》《龍一の音楽の根底にある民族的な要素、簡明直截《ちょくさい》さ、心の琴線に触れ

▼第五高等学校

明治20（1887）年、第五高等中学校として熊本に設立。同27年、第五高等学校となる。校風は「質実剛健、剛毅木訥」。明治期には嘉納治五郎（講道館柔道創設者、IOC委員）が校長となり、夏目漱石やラフカディオ・ハーン（小泉八雲）も教員を務めた。代表的な寮歌に『武夫原頭に』『椿花咲く』などがある。

▼池田勇人（いけだ・はやと）

明治32（1899）年広島県出身。旧制五高―京都帝大法学部卒。大蔵（当時）事務次官から政界入り。昭和35年7月から39年11月まで首相。

▼佐藤栄作（さとう・えいさく）

明治34（1901）年山口県出身。五高―東京帝大法学部卒。運輸（当時）事務次官から政界入り。昭和39年11月、病気退陣した池田首相の指名を受けて首相に就任、47年7月まで7年8カ月の長期政権となった。

るメロディーなど、「武夫原頭」から学びとったものは真に大きいと考えております》(同)と。

「東京のハイカラ」に反発

《武夫原頭に草萠《も》えて 花の香甘く夢に入り…》で始まる寮歌『武夫原頭に』は明治38（1905）年、五高の寮「習学寮」の第15回自炊記念日に五高から東大に進んだOBらによって贈られたものである。「武夫原」とは五高の運動場のこと。五高の校風である「質実剛健、剛毅木訥」や「済世救国の意気込み」を歌詞に盛り込み、勇壮なメロディーが心地よい。

名歌ができたきっかけは意外にも、明治30年代半ばから始まった旧制高校の入試改革であった。改革により、開校時から九州出身者が多かった五高にも東京など都会からの入学者が増えてくる。素朴な九州男児とは違って彼らはハイカラ、悪く言えば、チャラチャラしているように見えて仕方がない。

その上、一高（東京）の寮歌などを得意げに歌っているではないか。このままでは「剛毅木訥」の校風も消えてしまう。誇りを持って歌える寮歌がほしい…。旧来からの生徒やOBには、そんな思いが募っていた。中心となったのは、明治37（1904）

年に五高を卒業し、東京帝大の法科に進んだグループである。

そのひとりであった、恵利《えり》武（五高―東大、大蔵省＝当時＝に進んだが、29歳で死去）は、わずか3日間で、『武夫原頭に』の歌詞を書き上げた。メロディーは当時、一高にいた〝作曲の天才〟なる生徒に依頼し、曲が出来上がったのは、歌を寄贈する五高の自炊記念日のわずか3日前だったという。

こうして五高生の「魂」とも「テーマソング」ともいえる名歌は誕生したのである。

政権禅譲つないだ同窓生

五高出身の2人の総理、池田勇人と佐藤栄作は、入学同期だが、池田が1年休学したため、卒業年次は佐藤が1年先輩になる。昭和39（１９６４）年の自民党総裁選で2人は、敵味方に分かれて〝血の雨が降るような〟激しい闘争を繰り広げることになるのだが、その後、病気退陣を表明した池田が後継に指名したのは佐藤だった。

この政権禅譲をめぐっては、坂本龍一の祖父である下村ら五高の同窓生が〝橋渡し役〟を務めたという話がある。

下村と池田は五高―京大を通じての親友（卒業同期）だった。その下村は、池田の後継に佐藤を望み、党人派の河野一郎に流れが傾きかけたときには、五高同窓生らが

池田改造内閣の記念撮影。池田勇人首相（左）と通産相として入閣した佐藤栄作氏（昭和36年7月）

連判した陳情書まで手渡している。佐藤も下村らに接触していた。

後に、下村が東京五高会報に書いた一文を引いてみたい。

《陳情書の主旨《しゅし》は「長い間にはいろいろなことがあったにせよ、君（池田のこと）が昭和三十五年に初めて総理になるときに栄作は全力をあげて協力したではないか、初心忘るべからずだ（略）」というのであった。（略）この陳情がきいたかどうかははっきりしないが、結果において、われわれの希望はとげられ、池田は栄作を後任に指名したのである》

会報の一文によれば、禅譲が決定したその朝、下村は東京・築地のがんセンターに入院中の池田を訪ね、後継指名の礼を言っている。そこで佐藤とも会い、堅い握手を交わした。

五高OBとして日本寮歌祭のまとめ役を務めた竹下恭爾《きょうじ》（1926年生、五高—東北大）は、こう思う。「下村さんら五高の仲間が動いたのは、日本のために考えてのこと。池田さんも個人の感情や政局争いではなく、天下国家を思い、最後は『天の声』と言って佐藤さんを指名したのでしょうね」

ところで初期の五高には一高から来た教員が多かったことから「一高の影響」を指摘する声があるが、五高ＯＢに言わせれば、「逆もある」という。水田宗昭《むねあき》（１９２９年生、五高―九大）によれば、「初期の一高（前身を含む）には熊本・細川家の藩校・時習館の出身者や済々黌《せいせいこう》の教員らが移っている。校長として、一高の『自治』の精神を生徒に認めた木下広次《ひろじ》も熊本の出身ですからね」。

誇り高くて骨っぽい。そして郷土愛もたっぷりと…。彼らに愛された『武夫原頭に』は他校ＯＢにも人気が高く、寮歌祭では、ラストを飾る曲として歌われることも多い。

竹下によれば、九州の小学校の戦前の校歌には、『武夫原頭に』のメロディーを借用したと思われるものが少なからずあったという。「ボクの小学校もそう。鹿児島じゃ（同地にあった）七高の寮歌も使われたそうですよ」とうれしそうだ。

それは、旧制高校の寮歌が地域の人に愛され、歌い継がれてきた何よりの証拠であろう。

第6章　歌い継がれて永久に…

「思いをつなぐ歌」を歌いたい――加藤幸四郎・登紀子

父が願った寮歌集の録音

歌手、加藤登紀子の父、幸四郎（1910年～92年）の母校・哈爾濱《はるびん》学院が日本寮歌祭に初めて参加したのは昭和43（1968）年のことである。主催者・日本寮歌振興会の会長を務めた神津康雄（1919～2013年）によれば、それは、いささか強引な〝売り込み〟だったらしい。

加藤登紀子さん

「幸四郎さんがボクのところへ来て、『ぜひ、寮歌祭に参加したい』というのです。旧制高校を中心とした集まりなので一度はお断りしたが、幸四郎さんは『みんなの思いは旧制高校生と同じなんだ』と引き下がらない。どうやら、娘さん（登紀子）に寮歌を歌わせたいという〝魂胆〟があったようですな」と神津は振り返る。

登紀子は、その3年前の昭和40年、東大在学中にシャンソンコンクールで優勝。翌年には「赤い風船」でレコード大賞新人賞を受賞していた。

登紀子が言う。「そういう〝魂胆〟があったことは後で聞きました（苦笑）。父は歌がとても上手で寮歌も大好きだった。哈爾濱学院は終戦で学校がなくなり、卒業生も少なかった（約1400人）から、寮歌祭のたびに仲間が集まるのが何よりもうれし

▼哈爾濱《はるびん》学院

外相、東京市長、満鉄総裁などを歴任した後藤新平が中心となり、大正9（1920）年「日露協会学校」として設立（昭和7年、哈爾濱学院に改称）。日露間の貿易に携わったりロシア語ができる人材を養成した。〝日本のシンドラー〟と呼ばれた外交官、杉原千畝も同校OB。加藤登紀子の父、幸四郎は旧制京都二中から昭和4年、同校に入学。終生、ロシアを愛した。主な寮歌は『松花の流れ』。

▼加藤登紀子（かとう・ときこ）

歌手。昭和18（1943）年旧満州（現・中国東北部）ハルビン生まれ。東大文学部卒。主なヒット曲は「ひとり寝の子守唄」「知床旅情」「百万本のバラ」など。平成24年、アルバム『登紀子　旅情歌―風歌　KAZEUTA』をリリース。

ハルビン時代の加藤一家。軍服姿が父・幸四郎氏。母・淑子さんの膝の上が登紀子さん（昭和19年頃）

かったようですね」

ところが47年、登紀子は藤本敏夫（1944〜2002年）と結婚、妊娠し、歌手を辞めることを考えるようになる。幸四郎は〃最後の仕事〃として登紀子に寮歌集のレコーディングを提案、神津にもその企画を持ち込んだ。困惑したのは、旧制高校生OBらである。

「寮歌は太鼓を打ち鳴らしながら『男』が歌うものです。それを女性（登紀子）が楽隊（バンド）の演奏でレコードに吹き込むというのだから、最初はみんな『とんでもない』と大反対。登紀子さんも当時はあまり寮歌を知らなかったんじゃないかな。懸命に説得しましたが、みんなが納得するまで3、4週間はかかりましたっけ」。神津の回想である。

実は〃うるさ型〃がそろっているOBを説得する材料があった。46年に『知床旅情』でレコード大賞歌唱賞を受賞、旧制三高の寮歌のひとつ『琵琶湖周航の歌』もレコードに吹き込んでいた。登紀子にとってはどちらも夫・藤本の仲間たちの愛唱歌だったのだが、その歌はＯＢたちの琴線に触れた。

登紀子が言う。「そのころは、新旧の世代がドンパチやっていた時代でしたが、この２つの歌は両方の世代に愛された。『琵琶湖周航―』は父の友人が『これはオレたちの歌（寮歌）だよ』と教えてくれました。何とかＯＫをもらえたのは２つの歌のおかげ。でも、レコーディングがまたひと苦労でした」

47年、『日本寮歌集』として発売されたレコードには、１校１、２曲を原則として20曲の寮歌が入っている。著名な約80曲から登紀子自身が20曲に絞り込んだのだが、京都生まれの両親は〝三高びいき〟。登紀子は昔から両親が愛唱していた三高の『月見草』をどうしても収録したかったために、『琵琶湖周航の歌』は外れてしまう。

それだけではない。やれ「メロディーが違う」「そう歌うんじゃないんだ」などと思い入れが強い〝外野（ＯＢたち）〟のうるさかったこと。曲によってはそこにいた全員の言い分が違っていたこともあったという。それでも登紀子は次第に寮歌の魅力にひかれ、ある種の魂が入るのを感じてゆく。

「日本がまだ〝若かった時代〟を生きた若者たちの思い、ほとばしりが伝わって来るんです。自由、自治の学府を目指す理想、そして、二度とない大切な時間をともに過ごした仲間との出会いと別れ…。寮歌を歌ったことで、その時代の青春群像を感じることができました」

登紀子が歌った「日本寮歌集」のレコードはよく売れ、平成22年には、CDとして再発売されている。反対する人たちを強引に説得した神津は、大いに留飲を下げたという。

連帯感生んだ『俺たちの歌』

登紀子がデビューした1960年代、音楽シーンは大きく様変わりする。若者たちが自分で曲や詞を作り歌も歌うというシンガー・ソングライターというスタイルが流行し始めたのだ。考えて見れば寮歌も同じではないか。10代後半から20歳過ぎの若者たちが思いを込めてオリジナルの曲や詞を書き、歌う。それは『俺たちの歌』であった。

「民謡は、日本人の風土、地面から生えているような歌でしょ。歌うことが自然、宇宙、祖先とつながっている。こうした感覚が寮歌の時代にもまだ生きていた。つまり、『俺たち』が同じ思いを共有しているんだ、つながっているんだという歌。だから詞も遠望壮大になる。私たちの世代は『俺たち、私たち』と歌えた最後の世代じゃないかな。ちょっと恥ずかしくってスケールは、かなり小さくなりましたけれどね」

歌だけではない。登紀子が東大に在学していたころには、旧制一高から引き継いだ駒場寮がまだ健在だった（平成13年廃寮）。それはまさしく『俺たち』の世界である。「寮生は迫力や存在感がありましたね。学内に住んでいるのに授業に出てこない。『酒を飲め』なんてしごかれたり、汚い空間で同じメシを食うという連帯感。昔の寮にはそういう良さがありました。でも、やがて寮が学外へと切り離され、今じゃ個室が中心。ラジカセの周りに集まって聞いた歌も、個々人のヘッドホンになる。（俺たちの歌であった）寮歌の世界はなくなってしまいました」

東大の駒場寮

個人の感情を歌う傾向に抵抗

現代の歌は、その内容までもが『僕と君』の歌である。連帯感や共通の思いではなく、個人の感情を歌う。登紀子はそうした最近の傾向にちょっと抵抗してみたくなった。平成24年に出したアルバムに収録した『風歌　ＫＡＺＥＵＴＡ』がそれである。大学生と高校生が合唱や太鼓で参加し、同じ思いをつむぐ。「先祖から聞こえてくる声を未来に伝えたい。歴史をつなぎたい。そんな遠望壮大な歌があってもいいじゃないですか。連帯感が感じられるようなね」

思えば、父・幸四郎が愛した寮歌を娘の登紀子が歌い、世間に広めたことも『思いをつなぐ』ことではなかったか。幸四郎は寮歌のレコード化が実現した後も、日本寮歌祭の評議員を務め、それは平成4年に不慮の死を遂げるときまで続く。

「北」の家族へ思いをはせ――増元照明、牟田悌三

姉からもらった腕時計

平成24年の秋の日の休日、北朝鮮による日本拉致被害者の家族連絡会（家族会）事務局長を務めた増元照明《ますもとてるあき》（１９５５年生）は意外な場所にいた。母校・北海道大学の寮歌祭である。

増元は、昭和49（１９７４）年、「雪が積もるところで暮らしてみたい」と故郷・鹿児島から遠く離れた北海道大学の水産学部に入学する。それを誰よりも喜んでくれたのが、53年に拉致された姉のるみ子＝拉致当時（24）＝であった。

寮歌祭のステージで仲間たちと歌う増元の腕には、入学祝いにと、るみ子がプレゼントしてくれた腕時計が巻かれていた。「40年近くたつのに故障ひとつしない。さすが日本製ですよね。（北朝鮮の金正日総書記が拉致を認めて謝罪した日から平成24年は）10年の節目となる年であり、できるだけ時計を身につけ、姉と一緒に活動したい

北大の寮歌祭で熱唱する増元照明氏（左、平成24年10月27日、東京都内）

んですよ」

北海道大学の恵迪《けいてき》寮には、日本3大寮歌のひとつに数えられる『都ぞ弥生』（明治45年）をはじめ、多くの寮歌が受け継がれている。寮は今も現役で、毎年新たな寮歌が作られ、披露される。年配のOBと、女性を含む若い現役生が入り交じった寮歌祭も盛んだ。

増元は、寮には入らなかったが入学翌年、心身を鍛えるために一念発起して応援団に入る。想像とは異なり、北大の応援団は自由闊達《かったつ》な組織だった。増元はそこで主だった寮歌はあらかた覚えてしまう。

「寮歌はいいですよ。明治の時代から現在に至るまで、毎年、学生の手によって作られ、愛され続けてきました。その伝統がいい。北大に入れば多くの学生が寮歌に接する、歌いながら自然に伝承されるのです」

この日、行われた寮歌祭が企画されたのは、ちょうど10年前のことだった。寮歌祭といえば一般的に旧制高校や大学予科に在籍したOBのものだというイメージが強い。だが若い世代にも〝古いしきたり〟などにとらわれることなく、自由に、思う存分、寮歌を歌いたい、という気持ちがないでもない。

そんな願いもあって企画された寮歌祭の実行委員に、増元も選ばれたのだが、時を同じくして拉致事件が急展開を見せ、寮歌祭どころではなくなってしまう。「それだけに感慨深いものがありますね。とにかく、〝敷居〟をとっぱらって、みんなで寮歌を歌おう、ということ。若い人たちも取り込んで、寮歌を愛する心を受け継いでほし

▼北海道大学

明治9（1876）年、札幌農学校として開校、米マサチューセッツ農科大学長クラーク博士が教頭として着任。同40年、東北帝国大学農科大学となり、大学予科が付設される。大正7（1918）年、北海道帝国大学が設置され、東北帝大農科大学は北海道帝大農科大学に。昭和22（1947）年北海道大学に改称、同25年大学予科廃止。農学校時代の卒業生に、内村鑑三、新渡戸稲造ら、作家の有島武郎は、校歌の作詞者としても名を残す。

▼牟田悌三（むた・ていぞう）

俳優。昭和3（1928）年東京出身。麻布中学（旧制）から、北大予科、北大農学部卒。多くのテレビドラマなどで活躍。

いと思うのですよ」

北大の寮歌のなかで、とりわけ、増元の好きな寮歌がある。『偉大《おおい》なる北溟《きた》の自然』（昭和39年）だ。「戦う歌なんですよ。寮の自治を掲げて権力の介入と戦う…」

増元の戦いはこれからも続くだろう。もちろん、姉のるみ子を無事、取り戻す戦いだ。

その「思いよ届け」と、ばかりに増元はステージに上り、大好きな寮歌を声を限りに歌い続けた。

幻に終わった牟田の寮歌

ホームドラマのお父さん役などで知られた俳優の牟田悌三は終戦の年（昭和20年）に東京の麻布中学（旧制）から、北海道帝国大学予科に入り、北海道大学農学部を卒業している。

牟田には〝幻の寮歌〟があった。恵迪寮で牟田と同室だった渋谷《しぶや》富業《とみなり》（１９２５年生、北大予科―東北大、朝日新聞）によれば、今も歌い継がれている昭和21年の寮歌『時潮《じちょう》の波の』（渋谷作詞）の〝最初の作曲者〟は牟田だったという。

その経緯は、こんな感じだったらしい。その年の寮歌の応募作が〝不作〟で、寮の

牟田悌三氏

担当者から、まず渋谷が詞を書くことを頼まれた。その渋谷の詞が入選し、「誰に曲を頼もうか」と思案していたら、同室の牟田が引き受けてくれるという。ところが、「出来上がった曲を聞くと、寮歌調ではなく賛美歌風だった。これでは（寮歌調の）詞と合わない。結局、募集の担当者自身が曲をつけ直すことになった」（渋谷）。

生前のインタビューで牟田は、「北海道の雄大さと蛮《バン》カラな気風に憧れて北大予科に入った」などと語っていたが、渋谷の記憶にある牟田は、「蛮カラというよりもスマート。在学当時から演劇に取り組んで寮祭でも熱心にやっていたなぁ」。牟田は、北大在学中に、ＮＨＫ札幌放送劇団に入り、俳優の道を歩んでゆくことになる。

100年以上続く寮の伝統

平成24年は『都ぞ弥生』が作られて１００年にあたっていた。それを記念した恵迪寮の寮歌祭の出席者の中に、作詞者の横山芳介《よしすけ》（１８９３～１９３８年）の子や孫たちの姿があった。

「都ぞ弥生」の作詞者、横山芳介の肖像写真が飾られた北大寮歌祭（平成24年10月6日、東京都内）

北海道の大自然が目に浮かぶような雄大な詞は、横山が何度も推敲《すいこう》を重ね、改訂を繰り返して練り上げたものだ。当時は教官として寮にいた作家の有島武郎《たけお》が寮歌の添削を担当していたのだが、横山の決定稿は、たったひとつ、漢字の誤りが修正されただけだったというエピソードも残されている。

横山芳介の三女・純子《すみこ》（故人）の夫、川内脩司（1935年生）は、「（家族によれば横山は）骨身を惜しまず、ひとつのことに一心に取り組む人。子供たちには手を上げるようなことはなく、〝神様みたいな〟お父さんだったそうです」。真摯《しんし》に詞と向き合い、磨き抜いた仕事が名歌を誕生させたのだろう。

札幌農学校時代から、100年を超える歴史を持つ恵迪寮（建物は建て替えられている）。今も毎年、新しい寮歌が送り出されていることは、すでに書いた。学生の部屋は個室中心に変わったが、みんなが集う共用棟では寮歌指導やコンパなどが行われ、昔ながらの伝統が今も息づいている。

増元が出席した寮歌祭には、同じく同大ＯＢである父親とともに参加した26歳の会社員、松岡渉《わたる》（１９８６年生）もいた。平成16年の入寮である。

「（寮での）集団生活がイヤだという学生も最近は多いけど、ボクは、その触れ合いこそが楽しかったなぁ。寮内には『寮歌普及委員会』があり、入寮した新入生に寮歌を指導してくれるんです。ボクは寮歌が好きだし、これからも歌い継いでいってほしい。寮に入っていない学生からは、あまり理解されなかったけれど…」

１００年を超える寮の伝統、そして、１００年前の寮歌を歌い継ぐ若者たちがそこにいる。

日本人の「伝統の音感」の発露――藍川由美、下道郁子

軟弱といわれた「玉杯」

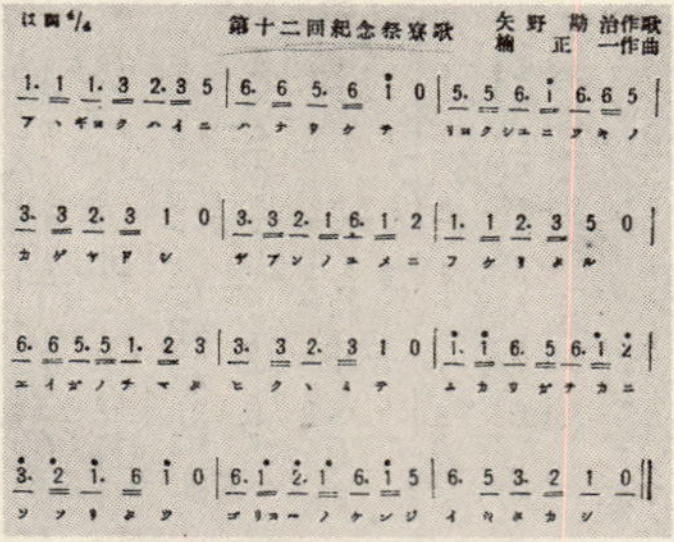

初期の頃の寮歌集に掲載された「嗚呼玉杯に」の楽譜

第一高等学校（旧制、東京）の代表的寮歌『嗚呼玉杯に』（明治35年、第12回紀念祭寮歌）について、もう少し書いてみたい。

作詞の矢野勘治（1880～1961年、一高―東大）と作曲の楠正一《しょういち》（1880～1945年、一高中退）は、旧制中学の同級生で一高には矢野の方が1年早く入学している。この前年（明治34年）にも紀念祭寮歌『春爛漫《らんまん》の花の色』を作詞した矢野は正岡子規に師事、その文才が高く評価されていた。

作曲の楠は一高と〝掛け持ち〟で東京音楽学校（現東京芸大）の選科に通って音楽を学んでいる。明治36

下道郁子氏

年の紀念祭寮歌『緑もぞ濃き』も楠の作曲だ。ただ、後に横浜正金銀行の役員を務めた矢野とは対照的に楠の後半生は華やかなものではない。一高中退の原因がオペラ『蝶々《ちょうちょう》夫人』などで知られる世界的なソプラノ歌手、三浦環《たまき》（1884～1946年、やはり当時、音楽学校の生徒だった）とのロマンスにある、などと雑誌に書かれたこともあるというが、真相は定かでない。

現在「寮歌中の寮歌」と呼ばれるほど有名で人気が高い『嗚呼玉杯に』も当初は意外にも歌われることが少なかった。「（歌詞が）優弱にして剛直なく…」などと校友会雑誌で酷評され、まったく人気がなかった、というから面白いではないか。ようやく「玉杯」が寮生に定着し、さまざまな一高の行事で歌われるようになったのは、明治

▼**藍川由美**（あいかわ・ゆみ）

ソプラノ歌手。昭和31（1956）年香川県出身。東京芸大大学院博士課程修了。日本最古の楽譜とされる「琴歌譜《きんかふ》」の再現演奏に取り組んだCD『「古事記」編纂《へんさん》千三百年に甦る古代のうた「琴歌譜」』（カメラータ・トウキョウ）をリリース。

も40年代以降の話である。

日本人の美意識を守った

ところで、発表当初の『嗚呼玉杯に』のメロディーが現在と違うものだったことは、よく知られている。寮歌に詳しい東京音楽大学准教授の下道郁子《したみちいくこ》が著した『明治時代の第一高等学校寮歌にみる音楽文化活動』によれば、《原譜はハ長調であったが、昭和10年の改訂時には、当時の寮生の歌い方の実情に即してハ短調で記譜された》。「玉杯」に限らず、歌い継がれていくうちにメロディーや詞が変わった寮歌は少なくない。何しろ、音楽的には素人に近い生徒が作ったものを、テープレコーダーもない時代に、１００年以上もの長い間〝口伝え〟で受け継いできたのだ。下道は「(初期の)生徒は『長調』だ、『短調』だという意識もなかった。〝気分で〟変わったものもあったでしょう」という。

ただ、「寮歌は明るい歌であるべきだ」という意見はあった。時代は下るが、『春甦《よみが》へる』(大正９年)など多くの寮歌を作曲した矢野一郎(１８９９~１９９５年、一高—東大、後に第一生命社長、会長)は、その著書「図説嗚呼玉杯に花うけて」や「寮歌は生きている」などで、こう指摘している。

藍川由美氏

《元来寮歌は青年の意気を示す歌。またその歌詞からいっても、当然明るく元気よい歌でなければならないから、作曲者はみな『長音階』でこれをつくる。（略）寮歌は長調でなければならないことは、作曲者の常識である》。そして「玉杯」の改変についても、《「ハ調」の明るい長音階のこの曲が哀調を帯びた短音階に直されている。（略）嗚呼玉杯は絶対に長音階でなければならないと私は思う》と言うのだ。

どっちがよい、かは別にしても「玉杯」のメロディーの変化については、まったく違う指摘がある。「日本古来の美意識を守った」と言うのだ。ソプラノ歌手の藍川由美である。

素敵なオトコたちの歌

多くの寮歌を歌ってきた藍川によれば、「玉杯」の変化は、西洋音階（7音階）の「長調」→「短調」への変化ではなく、日本人が古代から使ってきた5音階の「陰《いん》旋《せん》」を取り入れた変化なのだという。

「どの民族にも古来からの『音』があり、それは異民族に征服されることでもない限

かつて一高があった東大教養学部内にある「嗚呼玉杯に」の歌碑（東京都目黒区駒場）

り変わることはありません。日本では明治の初めに西洋音楽式の教育が導入されたから、旧制高校生も最初はドレミファソラシド（7音階）風の寮歌を作ったんだと思う。でも、それは自分たちの美観、美意識とどうしても合わない。だから、自然に（日本古来の5音階の）陰旋で歌いかえていったのです」

西洋音楽が導入されてもなお、「伝統の音感」を大切にしてきた日本人。だが、レコードに「音」が固定され、西洋音楽一辺倒だった学校教育が浸透するにつれて、だんだんと、それは失われてゆく。

藍川は言う。「ヨーロッパ人は5音階→7音階に進化しない民族は劣っていると思っているようですが、音楽は進化するものじゃありません。日本人はずっと伝統の音を大事にしてきたのです。旧制高校生は自然とそれができた。『オンチだったからズレた』なんてとんでもない。彼らのおかげで日本人の魂が崩れてしまうのを50年は遅らせることができたのですよ」

一方、下道の父親は一高の出身だった。父が現役を引退してから寮歌や旧制高校の話をよく聞くようになり、研究を進めるうちに、だんだんと彼らの世界や精神に魅せられてゆく。

「まだ10代半ばから20歳過ぎの若者たちが、今日、明日の生活ではなく、天下国家を論じる。その思いを寮歌に歌う。古きよき時代の『ステキなオトコの人たち』が、そこにはいっぱいいたのですよ。今はこんな若者たちがいませんからねぇ」

360曲を超える一高の寮歌のうち、今も人気が高い歌は「玉杯」など明治期につくられたものが多い。下道はこう思う。「初期の寮歌は、音楽的には洗練されたものではありませんでした。でも（それらの歌には）どこかに、日本人の自然な音感覚があった。西洋の音楽理論に当てはめて考えることの方がおかしいでしょう」

一高の寮歌には、「自治」「自由」「友情」「天下国家」を歌ったものが多い。ところが、他の学校にはある「恋愛」や「女性」についての歌詞はほとんど見あたらない。

〝草食系〟など、みじんも感じさせないオトコたちの歌。やはり、寮歌にはこうした香りが似合う。

名曲「北帰行」を作詞・作曲した男――宇田博と山口喜久雄

2度の「学校中退」をへて

『北帰《ほっき》行《こう》』は昭和30年代半ばに俳優・歌手の小林旭《あきら》（1938年生）やボニー・ジャックスらがレコーディングしたことで広く知られるようになった。哀愁に満ちた歌詞とメロディー。北へ流れてゆく旅人の切ない思いが胸にしみる名曲である。

小林旭氏

この歌は、TBS（東京放送）常務を務めた宇《う》田《だ》博《ひろし》が旧制旅順高等学校時代に作った（作詞・作曲）。まず旅順高内で広まり、宇田の一高転入や、終戦で旅順高出身者が内地の学校に移ったことから、さらに広がり、戦後は歌声喫茶などで歌い継がれてきた。楽譜もなく口伝えだったために原曲と戦後、歌われた曲とは歌詞やメロディーが少し違う。

もっともレコードになった当初は「作者不詳」である。

その後宇田自身が名乗り出て、『北帰行の作者、現わる』と新聞記事にもなるのだが、このとき決め手になったのは、旅順高の同級生が当時、書き残していた「歌詞」だった。そして曲の人気が高まるとともに、虚実取り混ぜたエピソードが流布していくことになる。

『北帰行』を作った宇田は、どんな男だったのか？

旅順高同級で寮でも同部屋だった山口喜久雄（1922年生、旅順高―東大）によれば、「宇田は早熟の秀才で高校時代からフランス語も読めたし漢詩の素養もあった」。

▼**旅順高等学校**
昭和15（1940）年、当時、日本の租借地だった関東州・旅順（現・中国）に設立された最後の官立高等学校。20年、終戦によって閉校となったため、存続期間はわずか5年半しかない。主なOBに関西電力社長・会長を務めた小林庄一郎氏、元国土庁長官の井上孝氏らがいる。

▼**宇田博**（うだ・ひろし）
大正11（1922）年、東京出身。少年時代、奉天農大の学長などを務めた父親の仕事に伴って旧満州に渡り、奉天一中（旧制）から満州建国大予科（中退）、旅順高（同）を経て、一高、東大卒。TBS常務などを務めた。

一高時代の宇田博氏（右）と弟の健氏（奉天の自宅で）

女性遍歴については、宇田自身が著書などですでに中学生（旧制）から始まっていたことを告白しているほどである。酒とも切り離せない。宇田の弟、健《たけし》（１９２８年生、一高—東大）によると、「ＴＢＳ常務時代などは、毎日のように昼間から酒の匂いをプンプンさせていた」という。

こんな男だから、学校の枠には、なかなか収まりきらない。最初に入った建国大予科を1年もたたず中退し、設立されたばかりの旅順高1期生として入り直したものの、2年の春、婚約者がいる女性とのデートが見つかり、学校にいられなくなってしまう。この間、一高入試にも1度失敗している。

「デート事件」について弟の健はこう記憶している。「学校（旅順高）から奉天（現・中国瀋陽）の実家に電報が来ましてね。『（自主的に）退学届をすぐに出せ、出さぬと放校処分にする』と。放校になればその後、どこの高校にも行けません。父が何の事情も知らないまま、『一身上の都合で退学する』と書いた退学届を出したんじゃなかったかな」

デート事件は関係ない？

宇田が『北帰行』を作ったのはこの時（退学）であり、実家の奉天（旅順の北にあたる）へ戻る傷心の旅路をイメージして書いた、というのが有名なエピソードのひとつである。宇田自身もそれらしいことを語っているのだが、山口ら旅順高の同級生に言わせれば、歌の成立過程はちょっと違っている。

「『北帰行』は宇田が同高の寮歌に採用されることを目指して作ったもので、（デート事件を起こす前の）1年の冬休み前後には、すでにでき上がっていた。実際に、宇田が学校を去るときボクらは『北帰行』を合唱して見送っているんですよ。その時点で寮生には広く知れ渡っていました」（山口）

では、宇田が書いた原詞の2番にある《建（国）大、一高、旅（順）高追われ…》のくだりはどうなのか？

山口はこう思う。「宇田は（デート事件の前から）いずれ旅順高を辞めるつもりだったのですよ。だから歌詞で予告した。それに宇田は高校時代から小説家だったからね」（苦笑）

旅順高の生徒規則を調べた後輩の荒木恒夫（1925年生、旅順高―東大）によれば、「カフェなどへの出入りを禁止する生徒規則はあっても、『女性とデートしてはいけない』とは書いていない」という。「宇田さんは以前、娯楽室に『生徒一流、校舎二流、教授三流』と落書きしたことがあった。女性問題よりも、そっちでにらまれていたのでしょうね」

内地の官立高等学校が文部省（当時）所管なのに対し、旅順高は、関東軍司令官（兼・在満州国日本大使）の監督下にあった。軍国主義色の強い教育が行われた時代でもあり、〝要注意人物〟を自認する宇田には合わなかったのかもしれない。

宇田の処分をめぐっては、旅順高の教授会議でも賛否が分かれた。結局、校長は自主的な「退学」に道を残した上、宇田が入学を希望していた一高の校長に電話までしている。山口はいう。「宇田の才能を惜しんだんですよ。こんなことで秀才が消えてしまうのはもったいないとね」

命がけで持ち帰った校旗

旅順高のほかに、外地には台湾に台北高校と台北帝大予科が、朝鮮には京城帝大予科（1924年設立）があった。外地の学校は終戦直後、独立を回復した当地の政権によって閉校させられている。在籍していた日本人の生徒は辛酸をなめ、命からがら帰国した生徒も少なくない。

終戦当時、京城帝大予科1年だった船越一郎（1928年生、京城帝大予科・旧制松江高—九大）は進修寮にいた。「8月15日を境にがらりと雰囲気が変わりましたね。朝鮮人の生徒は街中で気勢を上げたり、校内の兵器庫も彼らが管理するようになりました」。京城帝大では16日に学内朝鮮人職員により自治委員会が結成され、校門の表札から「帝国」の2文字を抹消したという。

混乱のなか、京城帝大予科の校旗を命がけで日本に持ち帰った生徒がいた。1年に在学中の横田祐久（京城帝大予科・旧制広島高）である。それはバラバラに破かれたのか、「片面だけの校旗」であった。横田は日本に引き揚げた後、旧制広島高に転入。2年後に病死するのだが、下宿にあった校旗を見つけたのは父親だった。

横田氏が持ち帰った京城帝大予科の校旗

同窓会に寄せられた書簡を引いてみたい。

《校旗を発見して今更の如く驚きかつ涙を新に、いたしました。思えば、当時の混乱激動の時期に、この母校の校旗を守り続けることは自己にあたえられた重要な使命であるものと固く信じ、常に心の支えとして

大切に保管していたに違いありません》

「片面だけの校旗」はその後、父親から同窓会に贈られた。それをもとにして平成11（1999）年の75周年には、新たな校旗が作られている。

台湾がそうであったように、日本統治下の朝鮮で京城帝大のような高等教育機関を作り、少数であったにせよ朝鮮の若者たちが学ぶ機会を与えたのは日本である。戦後、京城帝大の校舎や学術資料などは韓国・ソウル大に受け継がれたが、東日本同窓会長の沼田郁夫（1926年生、京城帝大予科—同大・東北大）によれば「個人的な関係は別にしても両者の同窓会に『公的なつながり』はない」という。残念なことではないか。

東日本同窓会前事務局長の吉成豪（1922年生、京城帝大予科—同大・東工大）はいう。「戦争が激化して寮に食べ物がなくなったとき、朝鮮人の友達のお母さんがごちそうしてくれたことがあったんですよ。涙が出ましたね」。こんな思い出を持っているOBもいるのだ。

若人の歌・寮歌よ、永遠に――深谷晋、是松恭治…

旧制の〝残り香〟世代

旧制第一高等学校の寮歌愛好家でつくる「詠帰会《えいき》」というグループがある。主力メンバーは昭和30年代に新制の東京大学を卒業した人たち。旧制高校は直接経験していないけれど、〝残り香〟ならば、たっぷりと感じ取っていた世代である。

昭和34年東大卒の代表幹事、深谷晋《ふかがいすすむ》（1935年生）は言う。「ボクが駒場寮に入った昭和29年にはまだ一高出身の先輩たちがいましてね、夕食後に『寮歌演習』といって教えてくれるんですよ。ボクたちも（旧制高校生の必読書だった）倉田百三や阿部次郎の哲学書などを読んでいたし、教養主義がまだ残っていた。心情的に寮歌を理解しやすかったんですね」

とはいえ当時、寮内で寮歌を歌っていたのは運動部の学生など「少数派」である。同じ昭和29年に入寮した柔道部の是松恭治《これまつ》（1934年生、昭和33年東大卒）によれば、「学生運動が盛んになり寮も先生も『左翼』が多数派。ボクは旧制高校が好きで寮歌を歌っていたけれど、(左翼の学生からは)『反動』だと呼ばれましたよ」

深谷や是松が親しんだ旧制高校の〝残り香〟さえも、大学紛争が激しさを増した40年代には消えてゆく。寮歌も、教養主義もである。そして、彼らも社会人になると、自然と寮歌からは遠ざかってしまう。

昭和34年に東大を卒業して国鉄(現JR)に入った森下達朗《たつろう》(1936年生)は寮歌に関する著書もある研究家だが、当時を振り返ってこう話す。「寮歌を歌うのをはばかるというのでなく、(新制大学を卒業した世代が)歌う機会自体がほとんどなかったのです。会社によっては、まれに愛好家が集まって歌うことがあり、ボクから見ればうらやましかったですね」

昭和30年代に新制大学を卒業した彼らが思う存分に寮歌を歌う機会を得たのは現役をリタイアした後である。「詠帰会」が結成されたのは平成14(2002)年1月。深谷、是松らがかつての運動部のメンバーらに声を掛けると、20人近いメンバーが集まった。テキストにしたのは中心メンバーの1人が、東大在学中に作った寮歌集である。

会員資格や会費はナシ、退会も自由。詠帰会の会員は口コミで広がって、現在は約

90人に上る。活動内容は、毎月の月例会で一高や他校の寮歌を、思う存分に歌うこと。そして、「一高寮歌とその精神文化を保存し伝承することが目的」（会則から）である。

深谷はこう思う。「寮歌には詩歌的な美しさ、思想的な探究心がある。ただ、後ろ向きで懐かしむばかりではありません。（寮歌の精神文化のバックボーンである）旧制高校の教育には、人格を磨く▽世界に目を向ける▽ノブレス・オブリージュ（高貴なる者は義務を負う）の精神による国家・国民への献身―の3つの柱があった。こうした精神を、今の教育に生かしてほしいのです」

東大名誉教授の朽津《くちつ》耕三（1927年生、一高―東大）は平成24年11月の東大駒場祭「寮歌の集い」でこんな話をした。「『知恵』を一言で言えば『想定外の事態に遭遇したとき、個人またはチームがそれに直面し、問題を見事に解決してみせる力』でありましょう。一高時代に、私たちは主として『知恵』を寮生活の中で学び、『知識』は主として教室での学習と寮での自習で学んだと思います」と。

今の日本や若者たちに欠けているのはまさしく、この『知恵』ではないのか。

増加した寮歌祭の参加者

平成25年3月2日、東京・本郷の東京大学で「第19回東京寮歌祭」が行われた。参

「東京寮歌祭」で歌う旧制高校ＯＢや関係者（平成 25 年３月２日、東京・本郷の東京大学）

加者は約４００人。地方寮歌祭では最大規模である。約5時間にわたって寮歌を歌い、酒を酌み交わす。旧制高校の出身者は最も若い世代でも80歳になるが、寮歌となると時間を忘れてしまう。

世話役のひとりである竹下恭爾（１９２６年生、五高―東北大）は言う。「できるだけ長く続けたいと思う半面、年々、開催が難しくなっているのは確かですね。開催費用の問題や参加者の高齢化。会場の設営だって一苦労です。今回も、前日に準備作業を行った人たちは、全員が80歳以上でしたよ」

そんな苦労はあっても寮歌への思いは、なかなか断ちがたい。全国規模の先がけとして昭和36（１９６１）年に始まった「日本寮歌祭」は、3年前の50回で一旦幕を閉じた＝令和元年に復活＝が、「寮歌伝承の集い」として再スタート。東京寮歌祭のような地方寮歌祭は最盛期（約55カ所）からは減ったものの、今（平成24年）でも、北海道から沖縄まで30カ所近くで開催されている。

寮歌祭参加者の統計を取っている島田功《いさお》（1934年生、昭和32年東大卒）によれば、平成24年に開催された寮歌祭は28カ所、総参加者は約5000人。驚いたことに、前年から参加者は600人増えた。

「新制大学の出身者や若い世代の参加者が増えていることがひとつ。それに旧制高校出身者もまだまだ元気ですよ。前の年には何らかの事情で来られなかった人が翌年〝復活〟したケースも多い。『（前年は休んだから）今年こそは…』という思いなんでしょうね」

カラオケに入れてほしい

旧制高校の同窓会は解散が相次いでいる。一定の会員数はあっても、世話役のなり手がいなくなったり、財政上の問題がネックになったりするからだ。段階的に規模を縮小してきた一高同窓会は平成25年3月をもって解散、三高同窓会は同年5月、京都のホテルで「最後の同窓会」を行った。

だが、同窓会は解散しても彼らの思いは「後進」が引き継いでいく。一高同窓会は解散を前に会員から1億円あまりの「第一高等学校記念募金」を集めた。記念碑などの建立のほかは、東大教養学部への寄付に充て、それを原資にして『一高記念賞』が設けられ、次代を担う人材に贈られている。

「詠帰会」には、約10人の現役東大生（平成24年当時、大学院を含む）の会員がいる。〝紅一点〟である大学院修士課程1年在学中の小野すみれ（1988年生）は、小学生のとき、祖父の影響でまず軍歌に〝ハマり〟、その替え歌があったことから「寮歌」にも興味を持ったという。好きな一高寮歌は〝昭和の玉杯〟と呼ばれる『新墾《にいはり》の』だ。

「寮歌を歌うことで、歌詞にこめられた一高生の思いをダイレクトに感じる。歌が『時代の空気』を伝えるんですよ。会員のおじいちゃんたちとの会話も楽しい。若い世代に寮歌を広めるにはカラオケに入れてほしいですね」と屈託がない。

「詠帰会」の月例会で寮歌を歌う小野すみれさん
(右、平成 25 年 3 月 1 日、東京・駒場の東京大学)

そう、難しく考えることはない。時代は違えども、同じ若人が思いを込めて作った歌ではないか。寮歌の良さは必ず、次代に受け継がれてゆくに違いない。

特別寄稿——真の人間形成の場として再検証する契機に

我々の世代にとって旧制高校は誠に感慨深いものがある。上州の田舎から旧制静岡高校に入学し、最初に洗礼を受けたストームの衝撃は今も私の脳裏に強く焼き付く。褌姿に朴歯の下駄を履いた上級生が肩を組み、寮の廊下を怒鳴りながら新人の部屋を廻ってはたたき起こし、人生の意味や世界の在り方を問いかけ、説教を垂れるのである。それは田舎育ちの者にとって初めて受ける精神的感化であり社会的覚醒の機会でもあった。

以後、寮生活を基本に、大いに学問、芸術文化を論じ、スポーツに励むことで学生一人ひとりが自らを心身ともに成長させていくのである。消灯の後も暗闇の中で人生を論ずることが、どれ程自らを成長させる糧となったことか。寮生活は自治が伝統であり、その運営は自主性に委ねられる。何事も話し合いによる合議によって、学生は自ずと社会的規律と責任を学んでいった。やはり、私にとって旧制高校の3年間は人格の基礎を築く上で重要な期間であったといえる。

その精神は「全人教育」「教養主義」であり、教室の授業よりも読書と議論、運動体育に明け暮れることが中心であった。あの頃耽読した西田哲学や河合栄治郎、歴史の大類伸、ヘーゲルやカント、ランケなどによって今に至る私の学問的基礎が養われた。また、その後時局が戦争へと突入しようとする中で、世界や国や社会と共に自らの在り方と関係をあれ程真剣に考えた時はなかった。そう考えると、帝国大学時代に比して旧制高校時代への思いはその密度の濃さと相俟って誠に深いものがある。

政治家となって戦後から今日に至る社会の変遷を見てきた私には、宿志の憲法改正と教育改革は表裏一体の関係にある。戦後民主化のもとに制定された6・3・3・4制は民主・自由の思想と共に経済的発展を図る上では有効なものであったかもしれないが、その後は人としての基本や道徳、国の歴史や伝統、文化を教えることを等閑のまま経済万能主義、学歴社会に突き進むことで多くの弊害をもたらしたといえる。

人生の一番多感な時期、何よりも人生を考え、人との関わり、国家・社会との関係を真剣に考えることで、その後の人生における何がしかの目標を持つ契機と成り得た。目標、目的を持つことで学ぶ行為は意味を成し、社会との関わりにおいて、その知識や技能を生かし得ることで人生や人間としての意義を見いだす。それこそが教育の本質と言えよう。我々が経験した旧制高校には確かに、そうした不文律の教養や公の精神が在り、それが今も私たちの体の中に脈々と生き続けて止まないのだろう。

今回、私自身、インタビューを受けると共に、毎回の掲載記事を読みながら、今更ながら、こうした感を強くする。残念ながら、旧制高校制度は占領政策のもとに廃止の運命を辿り、残る卒業生もかなりの高齢となる。しかしながら、旧制高校の在り方、精神の刻み方を単なる回顧や憧憬の対象ではなく、真の人間形成の場として今一度、よく検証し再興する必要があると思うのは私一人だけではあるまい。真に人格を磨き、公を教える教育こそ今日の日本の喫緊の課題であり、そこには確かに範となるべき教育の姿があったと思う。

平成25年5月

中曽根康弘

▼本書は、平成24年8月5日から同25年3月31日まで、産経新聞朝刊に連載された『旧制高校　寮歌物語』34回分を再編集、改題したものです。年齢、肩書は掲載時のままとし、文中の敬称は省略させていただきました。
また、掲載の写真は、小柴昌俊、三浦朱門、今井敬、葉光毅、李登輝、荒川鐵太郎、宇田健、船越一郎、白山芳太郎の各氏と磯田謙雄氏、宮地末彦氏のご家族、「旧制高等学校記念館」「東京大学大学院総合文化研究科・教養学部駒場博物館」「愛知大学東亜同文書院記念センター」「金沢ふるさと偉人館」「日本李登輝友の会」「トキコ・プランニング」から提供いただきました。

単行本　平成二十五年七月「旧制高校 真のエリートのつくり方」改題　産経新聞出版刊

装　幀　伏見さつき
DTP　佐藤敦子

産経ＮＦ文庫

旧制高校物語

二〇一九年十一月二十二日　第一刷発行

著　者　喜多由浩

発行者　皆川豪志

発行・発売　株式会社　潮書房光人新社

〒100-8077　東京都千代田区大手町一-七-二

電話／〇三-六二八一-九八九一代

印刷・製本　凸版印刷株式会社

定価はカバーに表示してあります

乱丁・落丁のものはお取りかえ致します。本文は中性紙を使用

ISBN978-4-7698-7017-3　C0195

http://www.kojinsha.co.jp

産経NF文庫の既刊本

子供たちに伝えたい　日本の戦争　1894〜1945年
あのとき　なぜ戦ったのか
皿木喜久

あなたは知っていますか？子や孫に教えられますか？日本が戦った本当の理由を。日清、日露、米英との戦い…日本は自国を守るために必死に戦った。自国を貶める史観を離れ、「日本の戦争」を真摯に、公平に見ることが大切です。本書はその一助になる〝教科書〟です。

定価〈本体810円＋税〉　ISBN978-4-7698-7011-1

「令和」を生きる人に知ってほしい　日本の「戦後」
皿木喜久

なぜ平成の子供たちに知らせなかったのか……ＧＨＱの占領政策、東京裁判、日米安保——これまで戦勝国による歴史観の押しつけから目をそむけてこなかったか。「敗戦国」のくびきから真に解き放たれるために「戦後」を清算、歴史的事実に真正面から向き合う。

定価〈本体790円＋税〉　ISBN978-4-7698-7012-8

来日外国人が驚いた　日本絶賛語録
ザビエルからライシャワーまで
村岡正明

日本人は昔から素晴らしかった！ザビエル、クラーク博士、ライシャワーら、そうそうたる顔ぶれが登場。彼らが来日して驚いたという日本の職人技、自然美、治安の良さ、和風の暮らしなど、文献を基に紹介。日本人の心を誇りと自信で満たす一〇二の歴史証言集。

定価〈本体760円＋税〉　ISBN978-4-7698-7013-5